新自然主義

新自然主義

謝長廷：台灣與日本善的循環

日本產經新聞專訪集

謝長廷 著

河崎真澄 採訪

目 錄

以創意機智成功推動
與日本「善的循環」

　　謝大使的這本訪問集，共收錄 30 篇由日本產經新聞記者河崎真澄採訪的稿子。由於沒有分篇（主題），我在讀完各章後，大致可說這主要是長廷兄駐日幾年來的外交官心得（共 18 章），其次是他的小自傳，可說是在台灣從政的第一手回憶（10 章），最後有一章是他對台灣、中國關係以及國際和平的觀察。難怪這本書名訂為《台灣與日本善的循環》。

　　據我觀察和了解，長廷大使對台日兩國「善的循環」有很大的貢獻，這與他在台灣政壇的輩分，熟悉日文和日本社會以及他一向為人所稱道的創意和機智息息相關。

　　從這本訪問集，我再次體會到日本關西強颱，中國戰狼發動假新聞攻擊，平白犧牲了一位台灣外交官的真相和所帶來的悲痛；我也進一步了解謝大使在促進台日合作交流所做的諸多努力，從澄清福島縣物產是「福食」不是「核食」，促成日本果斷捐贈 AZ 疫苗給台灣，到發揮創意發展和深化台、日城市合作交流，再到規畫雙方青少年交流研究和以「弔唁外交」

發揮影響力，以及期待制定「台日交流基本法」等。上述這些雖都是已見報的公開事實，但從長廷兄口中再次娓娓道來，格外親切。

有關長廷兄的從政經驗談，具體已有不少坊間報導披露過，但畢竟他還沒有出版過自傳，這本訪問集內容提到他的中醫世家身世，留學京大的甘苦；為台灣民主和正義所做的辯護；為創立民進黨寫給妻子的遺書；以及代表民進黨在 1996 年參加台灣第一次民選總統（擔任彭明敏副手）到 2008 年擔任總統候選人等。這些簡短的口述史，至今讀來還是令人感服。

我也期待長廷兄能在不久的將來，出版自己的自傳，讓更多人一覽他多采多姿的一生。這本不算長的訪問集，也算是可以讓有興趣的台灣朋友先目睹謝大使生平片斷的序幕。

總統府資政
台灣亞洲交流基金會董事長

【推薦序】

特殊國與國關係，善的循環風景

　　台灣與日本是特殊國與國關係，兩國之間無正式邦交，卻有比邦交國更深厚的情誼。比起台灣與中國，李登輝卸任總統前未實現的特殊國與國關係，台灣與日本的友好對照中國對台灣的敵意。東亞的台灣與日本在特殊歷史際遇中形成有若兄弟之誼；中國常以台灣的父祖之國自居，卻常惡形惡狀，對台灣連特殊國與國關係都不願形成，遑論兄弟之邦。

　　謝長廷出使日本期間，台灣與日本兩國關係水乳交融。他的本國政治經歷，從台北市議員、立法委員、高雄市長、行政院長，更與彭明敏搭配競選正副總統，加上他在日本京都大學留學的資歷，與李登輝有相互鑑照的心性和形影。他們都知日、識日，對台灣和日本友好關係的建構和推進，具有熱情和實踐性。

　　《台灣與日本善的循環》記述李登輝時代台灣、日本的交流互動，也記述謝長廷出使日本，積極推動兩國關係的心路歷程，留下一些人、事、物的點點滴滴，是歷史也是文化風景。更有他人生際遇、從政之路，留下的動人心境，交織文化情懷。以「善的循環」

敘說台灣與日本關係的發展，特別具有令人動容的視野，與台灣和中國關係比較，彷彿光與影的對照。

台灣曾被清帝國割讓給帝國時代的日本，歷經 50 年，戰後短暫的 4 年被代表盟軍接收的中華民國統治，1949 年迄今的中華民國在台灣逐漸成為在台灣的中華民國，已發展成新的命運共同體，雖仍待正名，已是不同於中國的民主國家。李登輝未能實現的特殊兩國論對照台灣與日本的友好，台日關係更值得珍惜。謝長廷以大使身分留下的駐日經驗，以及他從政的某些歷程，譜現善的循環風景，值得大家閱讀分享，也值得關心台灣、日本、中國的人們觀照。

很高興本書出版前得以先閱讀了全篇，並榮幸地推介給關心台灣、日本關係，甚至台灣與中國關係的人們。善的循環才是正道，台灣與日本善的循環值得中國借鏡，值得所有生活在台灣的人們銘記在心。

詩人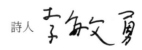

共生，是世界的潮流，
也是台灣應走的路

「故鄉的人，望你平安。」

2021 年 6 月 4 日，謝長廷大使在大雨中的機場向載著疫苗的飛機及工作人員揮手致意、90 度鞠躬，日本贈送台灣的 124 萬劑疫苗順利起飛，成為當時台灣防疫的及時雨。這一句簡短的話，道盡了謝大使對台灣的掛念，令人眼眶泛紅，深受感動。

謝大使是我心中永遠的謝院長。駐日多年來，他默默耕耘，時時刻刻心繫台灣，以他擔任律師、行政院長、留學日本等豐富人生經歷與專長，積極與日本中央合作交流，更馬不停蹄行遍都道府縣，深入日本各個角落，讓更多日本人認識台灣，為台日間締造更多「善的循環」與友好交流。不僅協助促成台日雙方組織地方議會友好聯盟，台日城市合作交流也成果豐碩，在他任前台日間締結友好城市的合作有 61 件，直到 2023 年 2 月已有 153 件，可見雙方的合作迅速深化。謝大使更不遺餘力地把觀光主流化付諸行動，將能夠介紹台灣美景、美食和美好的影片帶到日本各地，邀請大家到台灣旅行。

很多人可能都只知道關於他的其中幾個小故事，在這本書中，可以和他一起重回東奧唱名台灣的感動與歡喜，可以看見他從不放棄任何機會，用水果、美食深入日本各地介紹台灣，感動當地人。可以見證，台灣走向民主自由的過程中，他無所畏懼地在關鍵時刻無私奉獻、挺身而出；更可以看見他年少時的奧運夢、成長與求學過往。細細閱讀，會發現他字字句句，心之所向，都是為了更好的台灣、更有希望的明日。

　　台灣很幸運能有謝長廷，在每一個工作崗位上，毫無身段，有方法、勤奮地努力，促成台日間那麼多美好的交流，實踐他長久以來的處世哲學：

　　「共生，是世界的潮流，也是台灣應走的路。」

總統府資政 

善的循環：愛生愛，善生善

2021 年的 9 月 1 日開始，日本產經新聞連載河崎真澄先生對我的專訪，總共 29 天，聽說這是李登輝先生的專訪連載之後的第二次。本書主要內容是根據該專訪的中譯，但因為日文專訪的閱讀對象是日本讀者，所以關於我的思想和經歷介紹甚多，對台灣的很多讀者而言，這些背景他們已經很清楚，甚至有人親自參與過的，所以必須增刪內容並重新調整次序，整體的重點大有不同。

書名「善的循環」很有意義，我 2016 年就任時，就提出「善的循環」，主要是講台日友誼的可貴，是在一方有困難或是危難時，他方會協助，變成一種很自然的互動。他方有困難時，另一方若不加以伸出援手，就覺得內心很不安，我稱此種愛生愛，善生善的現象為「善的循環」。

這幾年來，「善的循環」這個名詞，在台日的媒體或是政治界已經普遍受到引用，大家都認同這種「善的循環」可以作為世界和平的典範，擴大推廣到全世界。

李登輝前總統曾指出，政治領袖的最重要條件，就是要有宗教信仰或是哲學中心思想，否則理念上很難一生前後連貫，而且在遇到挫折或是孤獨苦戰的時候，也會徬徨迷失，缺乏支持的力量。

我非常認同他的看法，我從政以後，提過「和解共生」、「四大優先」、「命運共同體」等理論，並創辦新文化雜誌、出版新文化教室書籍，闡述我的核心思想。而就職日本大使後推動「善的循環」、「台日和平共同體」，以及「和平是世界的核心利益」，其實和「共生」是一貫的。同樣的重點，只是不同的崗位，發揮的平台不同而已。

我就任駐日大使之初，就曾經想過，台日沒有邦交，作為一個駐日代表，能夠如何影響他們的政府、政策，走向台日友好的方向，實現台日雙贏的理想呢？思考的結論，就是擴大現有民間交流的平台和管道，全力推動民間的友好；透過民間的友好，逐漸提升到城市的外交、議會的外交，最後影響他們政府的決策。

這幾年來我就是身體力行這樣在實踐，當然這只是駐日代表工作的一小部分，很多朋友好奇，到底駐日代表處在做什麼事？其實兩國有邦交就是大使，沒有邦交就是代表，大使館跟代表處，除了政府間的接觸受到限制外，在簽證，急難救助，經濟文化、教育、科技各方面是完全一樣，並沒有不同。

以領務組的服務為例，新冠疫情以前，一個月約有2000~3000件，包括文件驗證、領事服務及急難救助，後者包括國人在日受傷、受害、犯罪、死亡等協助。疫情前台灣人每年旅日高達500萬人次，相當兩個直轄市人口，可以想像上述國人在日發生的各種案件數量。

不過，就像縣市政府的例行工作，如清潔、治安交通等例行工作一樣，不同首長差別不大。首長的任務是樹立標竿、訂定工作方向與重點，所以我經常想，如果大使不是我，工作重點有什麼不同？我這幾年特別重視台日城市的交流，目前雙方締結友好協定為153件，有90多件都是我到任後簽訂，這就是我確定從地方影響中央的方向，所形塑的特色。

另外，去年俄烏戰爭以來，台灣也受到注目，中國一再宣稱，不放棄武力攻台，並聲稱台灣問題是屬於

中國的「核心利益」，外人不得干涉。針對此點，不少日本友人都很困惑跟擔心，深怕這種「核心利益」的說法，會讓台灣的處境比烏克蘭更不利。我因此提出「和平才是國際社會的核心利益」的理論，強調戰爭和投降都不是我們的選項。和平一旦破壞，世界大家都受到損害；戰爭一旦發生，必然造成很多年輕人死亡，以及家庭破碎，所以特別把「和平才是國際社會的核心利益」的理念放在此書裡面。

安倍前首相過世，對台日關係的影響，引起大家的關心，我因此錄製了一段 10 多分鐘的影片，闡述安倍前首相具體對台灣做了什麼事情？為什麼台灣人緬懷安倍？後安倍時代我們能做什麼？也一併摘錄文字附在本書，提供有興趣的朋友參考。

最後感謝幸福綠光出版社，洪美華女士與莊佩璇女士兩人的熱忱，不眠不休的催促和加班，終於讓這本書及時付印，當然也要感謝原始作者河崎真澄先生和產經新聞，以及譯者陳俐婷小姐的配合和努力，讓此書順利出版。

台灣駐日大使 謝長廷

和平是國際社會的「核心利益」

　　「和平才是國際社會真正的核心利益」。2023年1月22日，台灣駐日代表謝長廷於特定非營利活動法人「育櫻會」在東京都明治紀念館舉辦的新年會上致詞，以強調的語氣使用「和平才是國際社會的核心利益」。

　　這個「核心利益」是中國習近平從2012年11月就任共產黨書記以來，經常提到的。這意味著針對台灣、沖繩縣尖閣諸島（釣魚台）等領土問題上，中國政府主張均為中國領土的一部分，完全沒有讓步的空間。

　　不過，基於同為尊重自由與民主主義、基本人權，維護以法治為基礎的普遍價值，和擁護符合國際法的國際秩序的台灣與日本，每個人打從心裡都希望永遠不受戰火包圍的「和平」，如果這不是「核心利益」，那又有什麼才是呢？

　　謝長廷的發言應該是意識到，2022年12月30日中國習近平與俄羅斯總統普丁的視訊會談中，習近平針對「相互的『核心利益』」問題，應該攜手合作來抵制對抗外部勢力干涉」，呼籲中俄應擺出共鬥的姿態。

2022 年 2 月 24 日，俄羅斯突然發動軍事攻擊鄰國烏克蘭，國際社會越來越擔心「台灣有事」的發生，中國人民解放軍何時渡過台灣海峽，對台灣發動軍事攻擊也不足為奇，甚至有所謂的「今日的普丁就是明日的習近平」之說。

　　俄羅斯外交部表示，總統普丁已經正式邀請中國國家主席習近平於 2023 年春天到莫斯科進行訪問。國際社會、特別是享有共同民主主義價值觀的七大工業國集團（G7）對於中俄兩大首腦的會晤有所警戒。輪值主席國的日本預定於 2023 年 5 月，在二次世界大戰原子彈爆炸地廣島縣舉辦 G7 首腦峰會。

　　G7 與國際社會應該如何面對及防衛，強權主義的大國、俄羅斯與中國在烏克蘭、台灣、南海、東海及釣魚台等周邊進行軍事活動並將其正當化？這也可說是一種地球規模的新冷戰構造明顯的浮現。

　　正因如此，謝長廷在育櫻會的新年會上才特別強調，全球共通、人人所追求平靜的「和平」才可算是「核心利益」。現今國際社會必須共同努力，拒絕、阻止和防禦任何衝突或使用軍事武力。

育櫻會新年會的三天後、2023 年 1 月 25 日謝長廷接受網路節目「台灣之音」（Taiwan Voice）專訪對談中，陳述了「國際和平才是利益核心」。並將話題擴展到「台灣與日本不僅僅是命運共同體，也是和平共同體」。

這個節目是與國際政治學者藤井嚴喜和台美關係研究所理事林建良進行三方對談，在超過一小時的節目收錄的最後，謝長廷說，「我希望憲法定位和平主義的日本，以身為世界和平領導者的身分，積極行動。」

謝長廷更說：「可能成為聯合國的常任理事國的日本，應該更有自信追求和平主義，沒有力量的和平主義就是一個悲劇。我更期待日本團結台灣與國際社會，包括對發動戰爭者行使制裁等，成為付諸實際行動的領導者」。

日本雖擁有陸海空三軍的防衛裝備、自衛隊與海上保安廳的陣容、強化與同盟國合作的外交能力等國家硬實力，仍舊比不上那些強權專制的國家。加上受到憲法限制與過時輿論的束縛，即使繼續提倡「口頭上的和平主義」，也已經難以持續保持和平。

這也是時任岸田文雄政權決定擴大國防預算、加強防衛體系的背後原因。2023 年 5 月在輪值主席國日本主持的廣島 G7 首腦峰會上，七大工業國集團將率先展示民主國家之間的合作，以及對抗來自威權國家軍事威脅的決心。這個決心，對自認與日本為「和平共同體」的台灣來看，有很強烈的期待。

職銜為台北駐日經濟文化代表處代表的謝長廷，實質上是台灣的駐日大使。擔任過執政的民進黨政府的行政院院長，為台灣代表性政治人物之一。擁有行政院院長經歷的駐日代表，謝長廷是第一個。

自 2016 年 6 月上任以來，不僅加強了台日雙方的政治與民間的關係，更藉由日本這個舞台，串聯起對台灣同等重要的美國，通過以民主主義與國際社會建立信賴關係的連結，並且一直努力探索如何超越大使的身分，來深化這種關係。

我以前擔任產經新聞社台北支局長時，正逢謝長廷出任行政院院長時，報導台灣的新聞以來，就開始關注這位政治人物。我一直在想，他會成為繼 2020 年

7 月 30 日逝世、享年 97 歲的前總統李登輝之後，台灣的對日關係中不可或缺的關鍵人物。

2021 年 9 月開始，有幸在產經新聞早報「話的肖像畫」專欄，撰寫 29 篇有關謝長廷的真實故事。同時，以這 29 篇連載為基礎，進行追加專訪，加入謝長廷針對這一年半來全球動盪的看法。

戰後出生於台北的謝長廷，台灣大學畢業後前往京都大學大學院留學。修完博士課程後，回到當時強權色彩強烈的台灣，成為了一名律師。通過捍衛受壓迫的民運人士的辯護，台灣的民主化點燃了他的鬥志。

當時，日本正處於高度經濟成長後，泡沫經濟的時期，直到 1987 年 7 月的 38 年的時間裡，台灣實施戒嚴令，限制憲法保障的人權，爭取民主化的行為會遭到取締、判刑。因此，我們絕不能忘記在此期間為爭取台灣民主，「不惜性命」而戰的每個人。

日本史與世界史的教科書和課業往往只要求記住年號、事件，有時會令人覺得很枯燥。然而，我們如果換個角度，從握有那個時代鑰匙的人為軸心，眺望那

段歷史，那麼，不僅僅可能接觸到歷史的核心，還可以體會不同的時代風貌，甚至史實的呼吸。

本書旨在向日本、台灣乃至全世界追求民主社會的人呼籲，民主的寶貴價值絕對不容丟失。民主從來不會從天而降，社會也不可能永遠被保障。如果我們不親手維護自由和發展守護人權的社會，不知道什麼時候會被專制的獨裁者所破壞侵蝕。

日本《產經新聞》論說委員 河崎眞澄

2023 年 2 月 1 日

1. 東奧開幕唱名「台灣です」，
歡喜又感動！！

我自 2016 年起擔任台北駐日經濟文化代表處代表 (相當於台灣駐日大使)，多年長駐日本，不遺餘力讓各界認識台灣，並加強台日互動交流。

NHK 女主播用「這是台灣」介紹我國選手出場

所有的心血投入，在 2021 年 7 月 23 日東京奧運開幕式選手入場的畫面得到了莫大的安慰……

當天我和數十位同事一起在白金台的代表處內觀看東京奧運開幕式轉播。當時 NHK 女主播在台灣隊進場時，先以英文唱名「CHINESE TAIPEI」（中華台北），隨即以清澈的聲音介紹，「台湾です」（這是台灣），真的令我與在場同事歡呼雀躍，無限的歡喜與感動！！

如國人所知，中華民國退出聯合國後，當然想至少以「台灣」名義參加奧運比賽，但迫於中國的政治壓力，我國選手團向來無法以國名或「台灣」名義參賽。為顧及國內眾多優秀運動選手光榮參賽的權利，只好在國際奧運委員會（IOC）多次協議下，很委屈的以世人難以理解的「中華台北」名義出場。

謝謝台灣選手們為國爭光！

綜觀世界地圖，沒有一個叫做「中華台北」的國家，相信日本人或其他國家的人聽了都會覺得奇怪，思考這

是哪一個國家？然而，台灣一詞則是國際上廣為人知，日本更是已經無人不曉。凡是看到東奧選手進場畫面的台灣人，都再度感到台灣受到日本的認同。也因此，「台湾です」這句日文，在台灣成為風靡一時的流行語。

東京奧運雖因新冠疫情而順延一年舉行，但我國選手仍持續苦練，奪得男子羽球雙打、女子 59 公斤級舉重金牌，創下我國歷年來奧運史上最佳成績。

在此必須向日本致謝，讓東京奧運與帕運能順利舉行。面對前所未有的艱難景況下，日本奧會與相關與會者，克服種種困難，替參賽選手們打造出一個光輝亮麗的舞台。

運動比賽最具團結人心的力量

本次奧運除各國代表團等相關人士外，現場幾乎無一般觀眾。我有幸得以台灣團代表之身分進入現場觀戰，在賽程期間共觀看了 17 場比賽、並 3 次親臨為選手們加油打氣。桌球隊選手說，「謝大使能來為我們打氣，令大家信心百倍。」

我在中學時期，曾是體操選手，獲得過全國中上運動會體操 (相當於日本國民體育大會) 金牌，若不是後來改學法律，說不定也有機會代表台灣參加奧運比賽。今天以這樣方式在日本每日為台灣隊加油，也算是圓了當年的夢想。

台灣雖面臨著中國打壓等種種困難，但仍有抱持著夢想與希望，國人觀看轉播，熱血沸騰的為選手加油；我們的選手表現優秀甚至奪牌時，各國觀眾為我們的選手喝采肯定，運動比賽果真最具團結人心的力量。

2. 日本各地高達 28 城市
登記接待台灣選手

台灣在東京奧運所有參賽國家地區中，成績排行第34，是亞洲地區的前段班。

台灣在東奧喜獲 2 金、4 銀、6 銅

這次大會台灣第一面金牌得主是 59 公斤級的舉重選手郭婞淳，在台灣被稱為「重量女神」（郭婞淳）。

郭婞淳選手在總決賽中遙遙領先第二名的選手，已確定金牌非她莫屬，但她仍繼續挑戰自我最佳紀錄，卻不知何故不慎倒下。她在那一瞬間露出了靦腆笑容，可愛的神情令觀眾印象深刻！

郭選手與多位奧運選手都具有台灣原住民背景。日本媒體注意到了，幾千年前便生活在台灣的原住民，在嚴峻的自然環境下，訓練出健美而堅韌的體魄。

例如，2014 年上映的電影《KANO》片中，描述到原住民選手活躍的表現：1931 年（昭和 6 年），擁有多位原住民選手的台灣嘉義農林學校棒球隊，揮兵進軍日本夏季甲子園賽，竟然驚豔的打到總決賽，成就傳頌迄今的體壇盛事。

200 多個參賽國家地區中，台灣獲得最多日本城市接待

首先要感謝日本高達 28 個地方自治體登記為台灣接待

城市，踴躍爭取在台灣選手赴日練習時的接待機會。可惜因為新冠疫情的影響，導致台灣選手無法前來集訓合宿，與當地交流。在感動之餘，只好由我走訪各城市，代表台灣選手轉達濃濃謝意。

2021 年 6 月，我前往接待城市之一的靜岡市，靜岡市與台北市締結馬拉松友好合作等，雙方有各式交流活動。

我拜訪了田邊信宏市長，並贈送 300 條台灣香蕉為市內小學營養午餐加菜。據說，有的學生放學回家提到「今天的午餐有台灣香蕉」，竟勾起家中祖父母回想起兒時享用貴重的台灣香蕉情景。

接著，我去拜訪了愛媛縣松山市。由於台北也有松山區、松山車站，更有直飛東京的松山機場，台北的松山已廣為愛媛松山所知。我致贈了台灣鳳梨給當地中小學，由於台灣鳳梨又香又甜，且具有連鳳梨芯都好吃的特色，學生們吃得津津有味。

此外，包括茨城縣、鹿兒島縣等，我總計走訪了 10 個台灣接待城市。

期待疫情後恢復城市交流

同年 7 月，我前往非接待城市的福島縣白河市。因為台南也有白河一地，雙方交流頗深。

拜訪當地小學舉辦的活動中，南相馬市與北塩原村（福

島縣）也同步線上出席了歡迎活動，兩市也都收到台灣贈送的香蕉。

台南白河區與福島白河市原本計畫舉辦小學生棒球隊交流比賽，雖因疫情關係而終止，我仍希望有一天能夠實現。

期待國人戮力爭取奧運在台舉辦

2005 年 7 月，我在擔任行政院長時，提過台灣應爭取「2020 夏季奧運」舉辦權。因為我在 2004 年任高雄市長時，有成功爭取到 2009 年世界運動會（以非奧運會項目為主的世界運動大會）主辦權的經驗，並在 2005 年順利簽署相關契約。

當時有很多傳言，認為（因中國的壓力）申請與舉辦世界運動會必無法實現。事實證明，高雄不但申請成功，且如期在 2009 年 7 月順利舉行。31 種競賽，合計 5 千人以上的選手、100 多個國家地區都來參加。包括日本、美國，甚至中國的選手也前來高雄參賽，當時高雄志工的週到服務，備受讚譽，蔚為典範。

台灣雖不得以必須以「中華台北」的名義參與國際賽事，但若不斷爭取各項運動的主辦國經驗，累積成功經驗，相信有朝一日，也能成為奧運或帕運的主辦國。期待國人共同努力，必可成功實現夢想。

3. 疫苗與災害援助都是「善的循環」

Covid-19 疫情爆發以來台灣透過邊境管制，一直將疫情防守得很好，然而到了 2021 年 5 月，面臨疫情進入社區迅速延燒，卻因為國際上疫苗需求極高，即使已經訂貨，卻遲遲無法取得。

台灣遭遇疫苗困境時，日本第一個伸出援手

當時台灣全島疫苗接種率還不到 2%，日本率先伸出援手，支援被世界衛生組織（WHO）排拒在外的台灣，在 6 月 4 日提供台灣 124 萬劑阿斯特捷利康製藥（AZ）的疫苗，之後並陸續提供支援，至 2021 年 10 月底為止，提供六批，共計近 420 萬劑的疫苗送達台灣。

每次裝載疫苗的民間貨機要出發到台灣時，我都會前往機場向相關人員親自道謝，並目送貨機起飛。當時台灣本土疫情升溫，以致許多民眾越來越緊張焦慮，這些疫苗穩住了社會浮躁不安的心。正如蔡英文總統所說，這是「患難見真情」的實證。

日本果斷決策與超高效率，11 天內運抵台灣

5 月 24 日晚間，我在台北駐日經濟文化代表處公邸宴請美國代理駐日大使楊舟（已於 2021 年 6 月離任）、以及日本前首相輔佐官薗浦健太郎，在台美日三方意見交流的場合中，順勢提到了台灣疫苗到貨不足的情況。

由於日本政府已在 2021 年 5 月發布已取得的 AZ 疫苗會作為預備用，因此我提議是否將疫苗提供給台灣。這也獲得在座兩位貴賓的贊同，薗浦氏立即向已故的安倍晉三前首相報告。

從我 5 月 24 日向日本政府提出疫苗需求，到 6 月 4 日第一批疫苗從成田機場運抵台灣不過短短 11 天。這麼短的時間決策與行動，其中有安倍晉三前首相（於 2022 年 7 月 8 日於奈良縣演說中因槍殺過世）為首的日本相關人士在背後推動給予極大的幫助。

自衛隊飛機也升空關注貨機至台灣領空

台灣向海外藥廠購置疫苗上都受到中國的阻撓，因此台日雙方對於日本贈送台灣疫苗這件事情尤其縝密安排，務求將疫苗迅速通關送達，並且低調謹慎資訊保密，以免橫生風波。

在台灣方面，由於疫苗緊急輸入一事史無前例，國內並無相對應的法律程序與規範。所幸我原本就是律師，親自接下從文書的製作、確認、藥廠交涉等所有細節，同時，曾當過行政院長的我也有足夠的經驗與資歷與行政院等政府高層直接對話，讓疫苗捐贈與輸入的法律與程序問題低調迅速地處理。

而日本方面也是細心安排，我之後獲告日本防衛省的飛機也升空，守護運送疫苗的貨機至台灣領空，也對日

本政府不為人知的心意表示感謝。

高度信賴奠基於台日善的循環

整體說來，事情順利進行的最大關鍵還是在台灣與日本雙方擁有高度的信賴關係。

過去台灣與日本只要一方遭遇地震等自然災害，另一方會自發性地提供救助與支援，我稱作這種連結為「善的循環」。一方的善意喚起另一方的善意。

2019 年年底出現 Covid-19 疫情後，台灣迅速在 2020 年 2 月訂出政府與民間全力生產口罩的政策。台灣一天能生產 1 千萬張以上的口罩，成為全球第二位的供給源，除了足以提供台灣國內使用、也有能力貢獻國際社會。2020 年春天日本疫情大流行，陷入口罩缺貨的狀況，當時台灣提供了 200 萬張口罩給日本，到 7 月時台灣再次提供日本 124 萬張口罩。

在當時疫情以極快的速度擴大之下，民眾需要每天更換具有防護力的高品質口罩，累積起來也是不小的開銷。在這情況下，我很欣慰台灣能貢獻餘力捐贈口罩給日本無力負擔的民眾，不只是口罩，之後台灣也提供了醫療用防護衣等物資給日本。日本捐贈疫苗，算是對台灣在 311 東日本大地震，以及 2020 年缺乏防疫物資時，台灣的捐款與贈送口罩的一種「回報」。

美駐日大使來我公邸，觸動三方合作

在 2021 年 5 月 24 日，我向日方接洽提供台灣疫苗的這個場合，是美國駐日大使館楊舟代理大使首訪台灣駐日本代表處公邸。

2020 年美國國務院允許官方人員與台灣高層首長接觸，說明美方對台政策上起了很大的變化。2021 年 4 月，美國前副國務卿理查‧阿米塔吉代表團訪問台灣，明確顯示美國強化台美關係的態度。此外，日美同盟關係也起了作用，令我感受到台美日三方的連結更為緊密。

我與楊舟代理大使 2020 年 9 月在東京都內的咖啡廳會晤，2021 年 3 月受邀前往美國大使館公邸，可說是以日本為舞台，深化台美雙方的交流。之後有台灣媒體報導，這是自 1979 年台美斷交以來，美國大使層級首次前來代表處公邸。得以實現三方合作，其實有很多不可思議的部分。5 月 24 日如果沒有邀請楊舟大使與薗浦健太郎輔佐官來公邸用餐，疫苗的提供也許更花時間。

原本因為我對東京電力福島第一核能發電廠處理水放流海洋一事發言，立法院要求我 2021 年 5 月 24 日回台接受質詢。但因與我濃厚接觸的同仁染疫，當時外交部指示我暫勿返台。也就是如此的因緣際會，我留守駐在地，得以安排與楊舟大使、薗浦健太郎輔佐官見面，談及疫苗捐贈；並親自聯絡以最快速度送抵台灣。

事後想來，與其說是偶然，不如說是種種的「善」所累積循環的必然結果。

回首至今的人生，驀然發覺所有的經歷都不是偶然，冥冥中自有天意。

感謝安倍前首相等相關人士大力促成

疫情爆發後許多人曾對具高度醫療水平與衛生習慣的日本，為何感染會不斷擴大感到不解。不過考量日本當時正在準備東京奧運，同時有法令政策等課題，制定嚴格限制個人權力的防疫對策有一定的難度。

相對之下，台灣在 2003 年 SARS 的慘痛經驗，對於傳染病的防範已有充分的準備。SARS 爆發時，我身為高雄市長，也努力防範疫情的擴大。因此到了 Covid-19 疫情發生時，已具有強制力的法律授權，才能迅速防止疫情的擴散。環顧全球，與造成數十萬、數千萬生命的海外各國相比，日本在傳染病防治上還是有其先進的對策。

4. 安倍晉三：對台灣最友善的首相

安倍晉三前首相是世界級的政治人物，他有很多思想影響世界。安倍晉三的突然逝世可以說是巨星殞落，舉世震撼。共有一百九十多個國家都發出弔電表達哀悼之意，台灣與日本幾乎有著同樣的哀戚不捨。

為什麼台灣人這麼感謝安倍前首相？

我認為，這幾年國際秩序重組，中國因為軍事武力強大起來，對台灣不斷的施加壓迫，台灣在國際社會上，更加不安跟孤獨。這個時候有一位國際級的政治人物，安倍晉三，伸手關切，對台灣表示關懷。因此，台灣人感到特別的溫暖。

台灣社會有一句話說：「吃人一口，還人一斗；喝人一口，湧泉以報。」

台灣人就是這樣子，有情有義，台灣是個恩義的社會，所以安倍逝世以後，民間有很多自發性的悼念行為，像：101大樓打燈、民間集資登報、在台北高雄的「日本台灣交流協會」門前排隊獻花悼念。不僅如此，民間還有舉辦音樂會追思安倍前首相；在高雄，還有製作安倍前首相的銅像來紀念跟彰顯他對台灣的友好，供台灣人民悼念。

台灣政府更不遑多讓，包括：舉國降半旗表示哀悼、蔡英文總統發表弔唁追思文，賴清德副總統也趕赴東京

參加安倍先生家祭。蔡總統並指定王金平、蘇嘉全和我，參加日本政府舉辦的國葬。而在安倍家鄉山口縣所舉辦的縣民葬，台灣更有一百多位代表前來參加，包括兩位立法委員跟媒體人，以及在日本的台僑等。安倍昭惠夫人在致詞的時候，也特別對從台灣遠道而來的團體與個人表示感謝。

台灣這樣的一個表現，當然引起國際的注意。

安倍前首相為台灣做了什麼具體的事情？

在台灣有很多人問我，到底安倍前首相為台灣做了什麼具體的事情？

由於安倍先生再次擔任首相的任期是 2012 到 2020 年，而我是 2016 年就任駐日大使，因此我們在 2016~2020 年間頗有交流。

他是第一位把台日關係定位為，「共享自由民主等普世價值的經濟夥伴及重要的友人」。這個定位在 2020 年後仍一直承續下來，甚至寫入了日本的國會文件、外交青等等公文書。

2017 年 1 月，原本的交流協會，加上了日本和台灣的名字，成了「日本台灣交流協會」。不久之後，台灣的亞東關係協會，也改名叫「台灣日本關係協會」。這是在安倍任期中發生的。同時，2017 年 1 月，日本第一位

副大臣赤間二郎公開以公務的身分，訪問台灣。同年在APEC 的會議上，時任首相的安倍和台灣的代表宋楚瑜在場外會談，都是第一次開了先例。

另外，他不斷在國際場合，包括在日本發起的美、日、印、澳四方會談中，強調台灣海峽自由航行的重要。接著，他也倡議自由開放的印太大戰略，對台灣的安全非常重要。

還有大家所熟悉的，安倍先生倡導：「台灣有事，就是日本有事，就是日美安保有事。」他把台灣問題國際化，也把台灣跟日本不可分割之命運與共的精神突顯出來。我認為這一個觀念，跟李登輝前總統講的「台日命運共同體」的精神是相通的。

大家也知道，在台灣、日本有災難的時候，都會快速而積極互相關懷。安倍前首相跟蔡英文總統，每凡災難發生，都會透過推特或者臉書，表達對彼此的關懷。2018 年花蓮發生地震的時候，安倍先生親筆寫下「台灣加油」，來鼓勵、慰問台灣的人民。當中國杯葛台灣水果的時候，安倍拿著台灣的鳳梨拍照，給台灣的農民、人民非常大的溫馨跟溫暖。

安倍 2020 年卸任後，由他的秘書長菅義偉接任首相，因此安倍還是有很大的影響力，並在檯面下繼續幫助台灣。最為大家熟知的就是疫苗：2021 年 6 月 4 日，日本

政府開始提供台灣 420 萬劑的疫苗，之所以能夠順利送到台灣，要感謝安倍這位檯面下的重要推手。

另外，就我所知，駐日代表處的館產，以前因為政治顧慮 (若登記為中華民國政府所有，很可能遭中國政府主張「一個中國」而強索)，都登記為像馬紀壯、郭處長等個人名義。但畢竟這些名義上所有權人都有繼承人，一代過一代，難免發生糾紛疑慮，因此我上任後便積極籌畫解決對策：既要在法律上登記回來，又要不被中國政府糾纏，最好的方式是成立「公法人」做為權利主體。

然而，要從既有的名義上權利人登記回來為公法人所有，是相當困難的。因為我不是這些名義所有人的繼承人，難以要求更改。幸好最後透過安倍內閣官員的協助，順利將價值一百多億日圓的館產名義變更成功，將代表處的館產登記為台灣公法人所有。這是一個非常大的進步，感恩之餘，我也倍覺慶幸。

安倍先生為台灣做了這麼多的事情，所以台灣人表現對他的緬懷跟不捨，也是一種重感情、重恩義的具體表現，是最貼切的「善」的循環。

安倍前首相逝世，台日關係是否受影響？

很多人擔心，安倍先生逝世以後，台日關係是否會受到很大的影響？

我認為，在與日本政府交涉的方面多少可能沒有以前那麼方便，但總體來講，應該是影響不大。

因為日本是內閣制，內閣的官員，是由國會議員來當任。由支持台灣的日本議員組成的日華懇談會，約有 280 名成員，因此在日本國會方面還是有一定的影響力。另外，這些年來，我們持續在地方城市交流，到今年（2023 年）2 月為止，日本跟台灣自治體累計簽署了 153 件交友好協定、友好備忘錄，這些，都是積蓄信任關係的寶貴基礎。因為台灣不遺餘力地在推動地方交流，所以基本上，日本社會是支持台灣的。日本是一個民主社會，民主政治的政府政策，基本上是不會違背地方多數的民意。

還有一個大趨勢，近年來，因為中國的強大與崛起，讓台灣、日本、美國等民主國家非常不安。因為中國對台灣表示不放棄武力，引起國際社會很大的批評。大部分國家都防範，中國會不會跟俄羅斯侵略烏克蘭一樣，造成大印太地區不得已被捲入戰爭，破壞和平所帶來的經濟發展與社會安定。我剛才提到日本對外結盟，不論是日澳或四方會談，日本所防範的對象，其實就是中國，而這個趨勢，相信在短期內不會改變。

後安倍時代台灣要怎麼做？要如何做？

安倍前首相留給世界、留給日本，也留給台灣不少的遺產。

我剛才講的自由開放的印太戰略，就是他留給世界的資產，現在世界各國在國際會議常常引用。那他留給台灣的呢？就是台灣跟日本的命運與共，以及「台灣有事，日本有事，日美安保有事」的這個重要主張。

這個主張，自從 2022 年 8 月 4 日中國解放軍用飛彈射向日本的經濟專屬海域 (EEZ) 的時候，已經不是一個概念，而是一個現實。雖然日本有很多人，也有不少政界人士想要改善日本與中國的關係，希望能夠促成日本跟中國的友好。但在中美衝突對立的重大國際環境的限制下，中國勢必一再挑釁與美國有著安保條約關係的日本，因此日中改善關係的成果是有限的。

那麼，台灣應該要怎麼做？

台灣要承繼這樣的一個關係：繼續推動台日議員外交、城市外交、民間外交等等。並把議員外交化成法案制度，如台灣關係法、台灣旅行法之類的法案。通過對台灣有利的法案，把很多友好變成制度，再將觀光、經濟的交流，提升到安全戰略層次，進而保障台灣的安全。

此外，要持續加強與日本各層級地方自治體、地方議會的交流，以穩定日本社會對台灣友好的民意，再加上畢業旅行、青年的交流，讓日本社會更深度認識台灣，體會台灣與中國的差異，帶動台日民間友好。來自地方的聲音，也會影響地方出身的國會議員，以循環累積推動對台灣有利的法案與制度。

　　我認為，台灣是一個非常有韌性的社會，雖然我們在國際上面臨很大壓力，但是韌性的台灣文化所創造出來的國家，必然能夠在各種壓力下繼續生存、繼續壯大，進而對日本、對東亞、甚至對世界的和平做出更大的貢獻。希望台灣以如此的信念與態度緬懷安倍前首相，持續推動他的善意。

5. 感謝李前總統的先見之明：
台美日機密會議

左為美國駐日臨時代理大使楊舟。

近年來台美日三方合作逐漸擴大，諸如：2021 年 4 月菅義偉首相與拜登總統在白宮的日美首腦會議上，52 年來首次將「台灣」納入共同聲明。促成了 6 月的七大工業國高峰會議（G7）首度提到「台灣海峽的和平穩定」，充分反映國際社會日益重視中國對台灣的威脅；也顯示日本扮演了越來越重要的作用。

台美日三方戰略對話，浮上檯面

既往，長久以來台美日三方的互動一直都是秘密進行，無法對外公開。然而，2021 年 7 月有了重大突破：長期與台灣極為友好的日華議員懇談會（日華懇）會長古屋圭司（前國家公安委員長）、美國的威廉・海格提參議員（前駐日大使），與台灣的立法院長游錫堃各率重要人士進行線上戰略對話。其中，前首相安倍晉三（日方日華懇顧問）在會上公開表示，「透過深化台美日三邊合作，帶動地區的安定和平和繁榮」，三方的互動，從此浮上檯面。

回顧如此重要外交成果，便不能不提前總統李登輝當年打下根基的貢獻。

李前總統執政時，使用「明德專案」機密費，進行了各種檯面下外交、機密會議。聽聞李前總統在 1994 年便曾直接與前美國總統老布希會面，也開始進行與日本的機密會談。

李前總統的「明德專案」打下根基

2000 年李前總統退任後，陳前總統持續明德專案，進行台美日秘密外交。我個人在 2007 年 6 月，應李前總統邀請，曾出席在東京舉辦的機密會議。美日雙方的與會者都是直接向總統、首相報告的重要人物。我當然也是當時的陳水扁總統所直接指派出席的台灣代表，並向他報告會議結果。

遺憾的是，2008 年政權交替，代表國民黨參選的馬英九總統上任，明德專案也就消失了。在扼腕之餘，2007 年我所出席的會議，或許是明德專案最後一個活動。而雖然我曾代表參與，但畢竟不宜多談其中細節，只能在此留下一筆，聊表向李前總統致意：

李前總統以先見之明，在二十五年前所遺留下戰略性建立的台日美合作架構，影響重大，現在終於再度開花，時代潮流終於追上了李前總統的思想。

美國駐日大使谷立言：台灣對全世界有善良的力量

今年（2021 年）8 月，我在東京白金台的駐日本代表處公邸，設宴款待剛到任的美國駐日本臨時代理大使谷立言，針對台日美三邊關係進行意見交流。

谷氏曾擔任美國對台窗口、美國在台協會（AIT）副

所長，精通日文與中文，席間我們都以中文進行交談。
2007 年我出席日本前參眾兩院議員椎名素夫先生的告別
式上便曾與谷氏碰面，而椎名先生正是明德專案的成員
之一。

　於 2021 年 5 月與前美駐日臨時代理大使楊舟（2021 年
6 月離任）會面時一樣，雙方會事先討論用何種方式公開
台美進行會談的事實。同年 7 月宴請當時新任的美國駐
日臨時代理大使谷立言之後，谷氏在推特上公布與谷氏
就全球合作暨訓練架構（GCTF）的配合與印太地區的安
定與和平進行了對話。

6. 向京大學長，李前總統致敬（一）
具前瞻眼光與哲學素養的政治前輩

第一次見到李前總統是在 1990 年開始進行民主化改革的時候。

那一年 6~7 月召開的國是會議，領導執政黨的李前總統，召集了民進黨、學生與各界人士將近 150 人。

1990 年的國是會議，確立台灣民主化的基本路線

會議結果雖不具法律的約束力，但在當時尚殘留著強權主義色彩的台灣，能夠針對政治體制的改革及對中政策等進行對談，在形式意義上，已確立了之後台灣民主化的基本路線。

我那時擔任立法委員，也是民進黨黨修憲小組的代表。當時李總統在會中仔細聆聽出席者的意見，並以此為基礎，確立了日後民主化的方向。李前總統絕不固持己見的態度，贏得在野黨及學生們強烈的信賴。

回顧與李前總統關係，最密切的時期應該是 1998 年我當選高雄市長的時候。當時台灣只有台北跟高雄兩個直轄市，兩市長的地位與閣員相當，都受邀參加行政院院會。李前總統與我雖然政黨立場不同，但他以擔任過台北市長、台灣省主席等首長經歷的前輩經驗，親切地指點了我地方行政的各方面要領；還曾贈送我一套岩波出版的 15 冊有關都市經營的日文書籍，令人由衷感謝。

「領導者要有中心思想與信仰」，
「信仰是斷正道的心靈準則」

李前總統在日治時期就讀台北高等學校（現在國立台灣師範大學前身），畢業後進入京都大學，專攻農業經濟；戰後返回台灣大學就讀。而我則是台灣大學畢業後進入京都大學研究所攻讀，可說是雙重學長學弟的關係。

我們談話中常常交雜著各種語言：台語、華語，偶爾還會來幾句日語，自然而親切，話題絲毫無黨派之分，時時流露對台灣將來的憂心。每次見面，李前總統總會強調，「領導者要有自己的中心思想與信仰，這是最重要的。」

信仰並不僅限於宗教，當然也不限於李前總統所信的基督教。信仰是一種為了判斷正道的一個心靈準則。談話中也多次提到，京都學派的哲學家西田幾多郎所著之「善的研究」。我認為，我或許是民進黨內最接近李前總統政治哲學思想的人。

「台灣與日本是政治與經濟的命運共同體」

2016 年的再度政權交替，民進黨再度成為執政黨。由於蔡英文總統非常重視美日關係，我在獲派任駐日代表後，立刻去向李前總統請益。

李前總統說，「台灣應更加重視對日關係，照現今的作法是不夠的」，並給予了我許多的建言。

包括他常強調的：「台灣與日本不論政治與經濟都是命運共同體」，博學多聞的學長並且提到了剛剛興起的「物聯網 Internet of Things IoT）」與「無領袖國家時代（G-Zero world）」等等我也極為關心的話題，相談甚歡，獲益良多。

在新冠肺炎疫情尚未平息之際，2020 年 7 月 30 日，李前總統以 97 歲高齡逝世，東京白金台的駐日代表處、橫濱、大阪的辦事處等均設有弔念李前總統的場所。

李前總統高齡逝世，日本政要紛紛弔唁

很感謝大約近 5000 人前來弔唁訪問，包括：時任副首相兼財務大臣麻生太郎、時任官房長官的前首相菅義偉、東京都知事小池百合子等與李前總統有深厚交情的日本政要紛紛親自前來弔唁。

但李前總統逝世一周年祭，因正逢東京奧運開會期間，擔心新冠疫情的再度升溫，駐日代表處便未再設置弔唁台。雖然覺得有些遺憾，我一直在心中與李前總統對話：

要是他還在世，相信為了台灣、為了日本，定能體諒而欣然說，「將來回首往事，日本履行了主辦東京奧運帕運的責任，充分顯示出人類不畏新冠病毒，成功舉辦」。

真的希望您能親眼所見台灣選手光榮的佳績，以及活動的圓滿成功。

7. 向京大學長，李前總統致敬（二）
化為千風，溫柔守護台灣

2004 年起至 2005 年初李前總統攜家族走訪金澤、名古屋、京都。當時，京都正下著皚皚白雪，李前總統站在京大門口，卻不得而入。推想是因為（中國對日本的）政治因素與安全警備上的考量。

李前總統旅日雖被拒進入母校，仍無私為後人留下助力

一想到當時的畫面、李前總統的落寞，就感到心痛。

然而，因為此次的經驗，這位京都大學的學長，反而很積極的為後來者佈署助力，我很幸運的受惠照顧。

2004 年除夕，雖然進入京大校園被拒，李前總統偕夫人曾文惠女士及家人，前往當時還健在的恩師柏祐賢先生及柏久先生的家中拜訪，實現了睽違 61 年的師徒相聚。

還有當時產經新聞社台北支局長河崎真澄同行採訪，並刊登在紙面新聞與照片。

照片裡李前總統與恩師的兩個人，溢出滿臉的笑容，雙手互握，令人感動。我彷彿看到了京大時期李登輝青年的莘莘學子之姿，身為京大後輩的我，非常能夠體會當時那兩人的心境。

前人種樹，由我實現李前總統訪母校的心願

我卸任行政院院長後的 2007 年 12 月，不但獲准進入

京都大學，且對學弟妹們發表演講。這都歸功於李前總統京都帝大時期的恩師、農業經濟學的權威柏祐賢先生的令郎，也是京都大學教授柏久先生的介紹，以及王輝生校友的極力促成。

能夠彌補李前總統的遺憾，也算代替他在母校京大演講，倍感欣慰。我也公開敘述李前總統受到留學日本的影響；包括他時常提到的：「民主主義必須付出犧牲，自由並非從天而降」，正如他在台灣民主化過程中所遇到的種種困難與堅定克服的毅力。

我前往京大時，偕妻子游芳枝順道拜訪恩師田中成明並重遊了研究所時住的宿舍、曉學莊，見到當時宿舍管理員一家，憶起新婚當初的留學生活。

2020 年 7 月李前總統逝世，仍以「弔唁外交」發揮影響力

第 5 篇提到台美日三方合作浮上檯面一事，歸根究柢，或許李前總統逝世一事正是促成契機：

2020 年 8 月，日本前首相森喜朗、美國現任衛生和公共服務部部長亞歷克斯・阿扎爾前往台北弔唁。接著，9 月森喜朗前首相、美國國務院第三把交椅／國務次卿基恩・克拉克（時任主管經濟成長、能源和環境事務）均赴台出席告別式。安倍晉三前首相也以錄製影片的方式致意，都讓台灣人深受感動。

前來弔唁的日美政要分別與蔡英文總統會面，除表達慰問之情外，就未來與台灣的關係進行非公開的談話。

現今國際局勢瞬息萬變，若非此等「弔唁外交」契機，怎可能短期內促使多位重量級國際友人來台，因此得以當面深入對話？！有時我甚至感到李前總統即便逝世，似乎也繼續庇護著台灣，促使短短一年內，台灣在國際局勢發生戲劇性重大改變情況下，與美國、日本仍維持鞏固關係。

寄望台日關係繼續提升、深化，
並擴大到亞洲、全世界

當時，我很希望能實現邀請台灣最友好的日本首相之一，深受台灣民眾歡迎的安倍晉三前首相到台灣弔唁，並在立法院演講。他的母親（安倍洋子，岸信介之女）與胞弟岸信夫（時任防衛大臣）也都與台灣有很密切的關係。最後雖然很遺憾無法成行，但仍委託前首相森喜朗分別在 8 月與 9 月赴台弔唁及參加追思會。

台灣與日本的這種深厚信賴關係，也可說是受各界愛戴尊敬的李前總統寶貴遺產的一部分。寄望台日友好關係日益提升，並繼續深化信賴關係。

台日合作不應僅止於兩國，更應擴大到亞洲甚至全世界。我認為這是人類應該追求的一種生存方向。

8. 向京大學長李前總統致敬（三）
我，不是我的我

前總統李登輝先生是一位偉大的政治家。以和平的手段成功推動台灣民主化與政治改革，國際社會讚為「民主先生」。

曾以自己也有志擔任駐日代表，體貼的鼓勵我

李登輝先生是胸懷廣大的人格者，博學多聞，提倡「誠實自然」，強調人要誠實，也應誠實為「公」付出。只要為了公益奮鬥，就會忘記自我的存在與個人的私慾，逐漸內心裡神聖的一面就會顯現。李前總統常說「我，不是我的我」，以不斷超越自我的方式勉勵每個人。

自我擔任駐日代表以來，每次返台必定會拜會李前總統，向他請益。而李前總統每次也必定提到台灣政府應該重視台日關係。李前總生前說過，如果自己年紀沒有太大的話，相信擔任駐日代表，推動台日關係也絕非不可能。我想，這是對我最好的肯定與鼓勵，我能擔任駐日代表這一職位，深感榮幸，也期待自己有生之年，奉獻於推動維繫台日關係。身為大使，總有遇到困難的時候，我都會跟自己的內心對話，設想如果是李前總統的話，會如何處理。

李前總統的這種思想，除了自身的宗教觀外，還有在京都大學留學期間，受到西田幾多郎等學者的影響。李

前總統與日本有很深的緣分，深信台灣與日本是命運共同體，對日本的期待也很大。

日本眾多政要弔唁，九州友人舉辦「追悼會」

同樣的，李前總統也深受日本各界的尊敬與愛戴。

李前總統逝世之後，我在東京的台北駐日經濟文化代表處與四個辦事處，設置了弔唁台。5 天內將近 5000 多人前來弔唁，其中包含了 150 名的日本政要。日本政府也派遣了以前首相森喜朗為首的弔唁團前往台灣，顯示日本對於李前總統的尊敬與重視。

與李前總統有著深厚的情誼的九州地方人士，更配合 10 月 7 日奉安告別禮拜，舉辦了「追悼會」，實屬意義重大。相信這次的「追悼會」不僅對李登輝先生的貢獻肯定，同時也是表明承接遺志，繼續推動台日親善決心的重要場合。

李前總統生前最喜歡的歌是「化為千風」，這首歌象徵著他的生死觀。面對著李前總統所留下的台日友好寶貴遺產，內心不由得感謝又感慨，希望他正如這首歌的歌詞一樣，化為千風，永遠守候著台日友好的關係。

9. 台日雙方自治體合作交流迅速深化

擔任駐日代表以來，台日雙方自治體交流日益深化。2021 年 6 月 30 日我與京都市門川大作市長，以線上出席的方式見證京都市與台南市締結友好城市儀式。京都接著與高雄市在 9 月 10 日兩市以都市合作的方式締結了「高雄協定」。

擔任駐日代表以來，加速推廣台日城市合作交流

對於曾經在 1998 年到 2005 年擔任高雄市長的我來說，有其特別意義。而高雄也與日本有特殊的淵源，1920 年（大正 9 年）日本時代，因高雄舊名打狗（台語發音）與京都擁有美麗紅葉的高雄町發音相近，因而被日本政府改名為高雄。

這樣的城市合作交流在我到任前為 61 件，從台灣官方紀錄可看見，2021 年 9 月高雄市與京都市的締結，已有台日友好城市的第 137 件；到了 2023 年 2 月底更累計達 153 件。足以顯示近年來台日地方交流的日益擴大。地方議會的友好關係也逐步深化，如高雄市議會與橫濱市議會締結的友好協議。

災害的相互支援，留下深厚情誼

由於台灣與日本並無正式外交關係，過去地方城市也很難建立正式的雙邊關係。然而，2011 年 3 月東日本大

地震，日本收到台灣各界 200 億日圓以上的捐款，擴大了日本各界對台灣善意的理解，我感受到台日交流的阻礙降低，不僅止於城市政府及議會，包括鐵道、溫泉地、知名旅宿業等，與台灣民間的交流也與日俱增。

台灣捐贈口罩給日本，日本回贈新冠疫苗，可謂是台日共同對抗新冠疫情的「善的循環」。促成這個循環擴大的契機是 1999 年 9 月芮氏 7.6 級的 921 大地震。當時我在台灣南部的高雄也感受到劇烈搖晃，高雄市民募集了約 25 億日圓（約 5 億 6000 萬台幣）支援中部災區。

震災當天首先進入災區的是日方派來的救援隊，隨後又送來臨時組合屋，雪中送炭令國人感念在心。因此當 311 東日本大地震發生後，多數台灣人都覺得應該回報，光是民進黨黨內也聚集了近 3 億日圓（約 6700 萬台幣）的慰問金。

國人猶記「你並不孤單，熊本加油！」

台灣有句古話：「食人一口，還人一斗」。一斗（約 18 公升）約成人一年的飯量，意味著絕不忘記受人的恩惠思想，深植人心。

2016 年 6 月我剛抵達日本時第一個工作，就是前往那一年 4 月剛發生地震的熊本縣災區慰問。帶著台北大同扶輪社繪製了一幅滿是熊本熊（くまモン）的畫，畫上

寫著「一人じゃないもん！頑張れ熊本」（你並不孤單！熊本加油！），以及台灣捐贈的捐款，向日本民眾傳達發生災害時「互助」的心意，台灣從來都沒有忘記。

　　台灣人的心情就像是親朋好友遇上災害，若不伸手救援會寢食難安。台灣對待日本就如自己的親朋好友一樣。我們不能忘記日本是先進的民主國家。台日地方與地方的關係持續發展，相互的理解越加深化的話，相信有朝一日，地方民意終會影響日本國會與中央決策機關。

10. 鳳梨銷日＋創造未來的台日青年交流

2022 年東京食品展。
右為一般社團法人日本能率協會會長中村正己。

日本 2021 年進口台灣鳳梨近 2 萬噸左右，較 2020 年增加了 7 到 8 倍。

2021 年春天，日本進口台灣鳳梨成為了熱門話題

台灣鳳梨以往多半輸往中國，每年 3 到 6 月是台灣鳳梨盛產期，2021 年 3 月 1 日中國政府以檢疫出介殼蟲為理由，突然禁止台灣鳳梨進口。

突如其來的變化讓台灣鳳梨農家與農委會感到十分頭痛，當時幸好日本伸出援手，進口了大批鳳梨。例如，日華議員懇談會古屋圭司會長（前國家公安委員長）就拜託其家鄉岐阜縣大型連鎖超商進口，近 200 家店舖賣台灣鳳梨。福島縣的大型超市也推出了台灣鳳梨祭，支持台灣鳳梨。

由於台灣鳳梨連芯都可以食用，受到廣大日本消費者的喜愛。這也類似災害支援的一種互助行為！

越來越多台灣水果出口日本

許多日本人因此認識鳳梨這項水果，我在日本產經新聞河崎先生採訪時特別向他解說，「鳳梨」台語讀做「on-lai」，寫成中文則是「旺來」，意即召喚福氣、帶來好運來的詞語。因此台灣的春節或商家通常掛著鳳梨形狀的裝飾品。

亞熱帶的台灣是水果的寶庫。台灣芒果等越來越多水果也陸續出口到日本。Covid-19 疫情爆發前的 2019 年，一年有近 200 萬人從日本來到台灣，或許因為日本有為數眾多的來台遊客，已熟悉台灣水果的味道，所以回日本也會購買進口的台灣水果。

疫情前日本高中生修學旅行首選是台灣

2019 年來到台灣修學旅行的日本高中生有 4 萬名。然在 5 年之前，日本高中生修學旅行海外首選是美國夏威夷，但到了 2019 年，台灣已位居首位。就以鄰近日本國家的距離來看，韓國、中國也在候補之列，但是能讓家長放心讓孩子旅行的國家，台灣就成了首選，實在令人感到驕傲。

以神奈川為例，高達 90％的高中生海外修學選擇來到台灣。台灣雖然沒有修學旅行的習慣，但與日本建教合作的學校交流，單是 2019 年就有 1 萬人前往日本訪問。

對青少年而言，實際接觸海外國家是很好的經驗

正所謂百聞不如一見。台日高中生交流的場面，即使語言不通，也能憑藉隻字片語的英文、肢體語言，動漫、電玩、運動等作為共通語言，進而相互理解。創造未來的是這些年輕學子。

除了修學旅行，也有越來越多日本和台灣年輕人到台灣或日本大學、研究所留學。產經新聞主辦與駐日本代表處協辦之「台日文化交流青少年獎學金」也是促成這波風潮的助力之一。這項獎學金獎勵作文及演講比賽成績優秀的中學、大學生，並招待獲獎者來到台灣研修旅行，並且持續了近 20 年。

　　這兩年因疫情關係，研修旅行不得不中斷。我感覺到仍有很多日本青年有志參與。希望疫情能結束後，台灣與日本又恢復以前一樣的往來交流。

11. 沒有污染的福島縣產「福食」

2022 年 2 月 8 日蔡英文政府宣布解除福島、茨木、栃木、群馬、千葉 5 縣的食品進口限制。

睽違 11 年食品解禁

隨近年來台日關係日漸深化，為何台灣還是禁止福島縣的食品進口這個問題在日本很多人關心，之前產經新聞河崎記者訪談時更當面詢問這個問題。他提到日本很多人都不解，為何捐助龐大捐款給日本的台灣，會持續禁止食品進口？

2011 年 3 月發生的東日本大地震引發東京電力福島第一核能發電廠外洩事故，當時執政的馬英九政府下令禁止福島縣等縣食品進口，持續到 2016 年 1 月政權輪替改由民進黨執政。然而食品解禁成了政治問題。

由於過去台灣曾經發生食用油等重大食安事件，國人對於食安議題尤其敏感。311 東日本大地震後，全球超過 50 多個國家與地區曾禁止進口福島縣等他縣產的食品。然而到了 2021 年時，僅剩少數國家地區，如台灣、中國、香港、澳門、韓國等仍保持禁令。

民進黨政府也朝解禁方向推動，然而在 2018 年 11 月，由國民黨副主席郝龍斌提案第九案「你是否同意政府維持禁止開放日本福島 311 核災相關地區，包括福島與周遭 4 縣市（茨城、櫪木、群馬、千葉）等地區農產品及

食品進口？」意在維持禁令，反對開放。反對者更是將福島縣等日本食品貼上「核食」的標籤，塑造它們是遭受輻射污染的食品的不實印象。

由於過去台灣曾經發生食用油等重大食安事件，對過去食品安全的疑慮致使多數人投下了反對票。

讓科學問題演變成政治問題危機的背後

我主張要從科學的角度，進行正確的食品安全檢測。理性的判斷是必要的，將食品進口問題演變成政治問題，只會讓順利發展的台日關係蒙上一層陰影。不過有部分人士企圖分化密切的台日關係。不僅是食品進口、日本政府提供免費的新冠病毒疫苗、以及福島第一核電廠將核廢水排至海洋的問題，都一再受到強烈批評。

台灣與日本一樣，符合安全與安心的標準是理所當然的。然而，我們還是要警覺這種缺乏科學根據一昧批評，意識到其中試圖以政治目的離間台日關係的行為，以免落入與中國一樣的對日立場，走到中國對日戰略之中。

持解禁態度的民進黨政府今後將如何行動？

我曾在駐日代表處附近的超市，買了福島縣產的蔬菜來吃。並將標示產地說明的標籤貼紙照片發在社群網站。藉此說明福島縣產沒有放射污染的食品不是「核食」是「福食」。

人民的健康是最重要的，但理性的判斷也是很重要，需要克服政治上的困難加速解決。沒有科學依據，一昧情感性的反對食品進口的言論，勢必傷害台日感情，尤其是日本東北地區的受災戶。

由於公投結果出爐後，兩年內不能有政策變動，在遵守 2018 年公投結果的期限已過之後，政府開始重新審查。2020 年蔡英文政府決定開放美國豬肉進口，再次引發國民黨等在野黨激烈反對，甚至有在野黨委員在立法院內扔擲豬內臟等事，波及日本食品解禁。

2020 年 12 月回台北，我公開對媒體說四點立場：

(1) 有受到核污染的食品才叫「核食」，我們堅持反對進口；(2) 沒有受到核污染的福島食品是「福食」，我們支持進口；(3) 有沒受到核污染應該以科學數據檢驗，而不是以意識形態來決定；(4) 台灣應該跟著先進國家走，如美國、歐盟的作法。

經這樣的定調後，雜音漸弱，在 2022 年終於解除禁令。確保台日在面臨地震等自然災害時，相互幫助之「善的循環」能繼續順利運行下去。

12. 中國散佈假消息，造成令人心痛的外交官之死

2018 年 9 月 4 日，強颱燕子造成大阪的關西機場關閉，不料引發中國網軍製造散播假新聞，甚至台灣媒體未經查證竟盲目引用，某些政治人物因此施壓，導致台北駐大阪經濟文化代表處處長蘇啟誠輕生明志的悲痛意外。

強颱重創關西，中國戰狼發動假新聞攻擊

蘇處長早期留學大阪，長年處理台日關係事務，是一位非常優秀的外交官。因為表現良好，在事發前兩個月才從沖繩的那霸分處處長轉調大阪。

就在 13 日晚間，在東京的我才剛跟蘇處長通過電話，並共識要委請律師協助追究假新聞來源，也約好 15 日我去大阪的例行會議後當面討論後續事宜。回顧當時台灣的輿論及新聞媒體受到中國散佈的假消息影響，批評的聲浪集中在蘇處長上，每每感到心痛，尤其至今仍難以消除對假新聞的憤怒。

2018 年 9 月燕子颱風（2018 年日本 21 號颱風）帶來激烈的暴風雨，導致關西機場聯絡橋被失控的大型油輪衝撞毀損，機場對外完全交通中斷，多數旅客受困在關西機場，動彈不得。

中國散佈了什麼樣的假消息？

此時，中國媒體紛紛報導，「中國駐大阪總領事館緊

急安排 15 輛大型巴士，優先救助中國人旅客」的假新聞。經查證，實則：完全由關西機場派遣高速船及機場的大型巴士來救援疏散受困旅客，其他車輛無法進入聯絡橋，中國安排的大巴當然根本無法進入機場接人，這是日本新聞媒體確認的訊息。

然而，台灣媒體鮮少引用日本媒體正確新聞，反而大量轉傳播來自中國內容農場的假新聞，連續不斷報導並批評為何中國領事館可以進入，而大阪辦事處卻坐視不理等強烈批評。

實際上，台灣的旅行團多數因颱風來襲而更改行程，受困在關西機場的台灣旅客並不多。然而當時台灣對於中國散佈假新聞一事還不太有對應經驗。對於中國方面企圖藉由操縱資訊情報，左右微妙的兩岸關係所傳出的「只要承認自己是中國人，就可以搭乘中國派出的救援巴士」之類假消息，竟然大量援用。在缺乏相關避難資訊情況下，被困在機場航廈中的台灣旅客也相信了中國散佈的假消息。

中國散佈假消息的目的是？

這次事件之前，曾經發生過中國旅客在國外的機場裡因航班大幅延誤，群聚在機場大廳高唱中國國歌，故意刁難地勤人員等超乎國際常識等行徑事件。

中國當局或許擔心類似事件的再度發生，以及國內的反彈聲浪，刻意採「戰狼模式」，散播有能力優先救出自家國民的「佳話」，如此尚且情有可原。

然而，完全無法原諒的是，「戰狼」們在貪功心態下，祭出網軍部隊，以數千件來歷不明網路攻擊，一口氣將矛頭轉向台灣的大阪辦事處，而不實消息陸續被台灣的媒體引用報導、名嘴在電視台跟隨亂談、政治人物發表附合輿論意見…意味著這波假新聞攻擊成功。

台灣媒體若冷靜查證，應該很容易看出是假消息

台灣媒體曾經播報我向蘇處長追究責任的假新聞，這只是部分媒體隨著假消息起舞，未經查證的對我指責施壓。事實上，我不但從沒有考慮過向蘇處長追究責任，而且在我與蘇處長的最後通話中，蘇處長陳訴，大阪辦事處不僅收到網路攻擊，也收到大量的抗議傳真信函，是「有人蓄意陷害」，我們原本說好一起諮詢代表處的顧問律師。對於無法挽回在台日關係上具有卓越貢獻的蘇處長生命，感到十分的痛心與遺憾。

（編按：中國政府透過社群網站、網路媒體製作、散播假訊息，再將假訊息滲透進入台灣的社群網站，關於本事件，詳見本社出版《戰狼來了！關西機場事件的假新聞、資訊戰》）

13. 莫讓漁船扣押，
釀成台日關係緊張

2016 年 4 月下旬，台灣漁船在東京沖之鳥附近海域被扣押。當時執政的馬英九政府向日方抗議，並下令海巡署派遣三千噸級的「宜蘭」等三艘巡邏船，前往該水域。雖然是以保護台灣漁船的名義，但一時間也讓台日關係變得相當緊張。

國民黨以強硬方式處理漁權爭議

在此之前，台灣漁船在馬政府時期被扣押過 18 次。雖然國民黨政府否認，但部分台灣漁民以強硬態度與日方對抗，甚至出現聯合中國勢力，一度令局勢變得十分複雜。

馬政府當時認為沖之鳥並非島嶼，不算日本專屬經濟水域（EEZ）。因此並無台灣漁船越界捕魚的問題。蔡英文政府認為，應與日本政府透過協商解決問題。針對是否屬於專屬經濟海域，將尊重聯合國大陸棚界線委員會（CLCS）的決定，在此之前不會採取任何特定法律立場，但同時也要確保台灣漁民權益。

民進黨以溫和態度協商應對

保障台灣漁民的權益是最基本也是最重要的。但我並不同意一遇到漁業問題就拉高態勢，即使最終沒有發生衝突，卻也造成了一觸即發的緊張局面。

當然，台灣的漁民中，有不慎誤入日方專屬經濟海域的；但也有不遵守規則的漁船。但在寬廣的海域中，彼此相鄰的台日問題，不應以強硬姿態，而應該以溫和的態度進行協商。

一旦遭到扣押，相關的法定程序非常繁瑣。相對之下，自蔡英文總統上台，我出任駐日代表以來，台灣漁船並沒有被扣押的案例。顯示隨著台日關係的改善，漁民的態度也產生了變化。

即便在專屬經濟水域內，日本也同意讓非捕魚目的船隻無害通過。日本政府一直密切關注船隻的動向，因此就算有部分漁民暗中作業，日方也應有掌握足夠證據。

台日雙方簽訂海上救援備忘錄

2017 年 12 月，台日雙方簽訂海上救援備忘錄，不僅限於漁船，台日雙方將在海上事故現場，合作進行救援與搜索。由於台灣跟日本沒有正式的外交關係，經過多次雙方實務階層的協議後，不得不以這種民間決議的方式呈現。

但是，從制度的角度來看，不僅限於漁業與海洋領域，我認為台日間需要更明確的法律措施，以確保雙方的利益。

在新冠病毒尚未肆虐全球的 2019 年，台日間包含觀光旅遊與商務貿易，共有 700 萬人次的往來，其中近 500 萬人從台灣前往日本。也不難想像有許多權利不受法律保障的事態發生。我會努力不懈地跟日方持續進行協商，尋求有關對台灣關係，以及制定相關法律來確保人民的權利。

14. 期待制定「台日交流基本法」

2021 年 3 月，我受邀出席「保守團結會」發起人高鳥修一眾議員所主持的會議。會中決議推動制定「台日交流基本法」以促進雙方交流，並通過將定期召開自民黨與民進黨的會談。

自民黨團體要求制定「台日交流基本法」

由於台日雙方無正式的外交關係，彼此的互動基礎都定位為民間交流。即使如漁業、航空、關稅等等對雙方都很重要的協議，但還是都是以台日民間機構為窗口而簽訂的。代表台灣的台北駐日經濟文化代表處，明明具有大使館功能，然而身為大使的我以及使館職員都被視為民間人士，無法享有外交特權。

制定「台日交流基本法」的目的，是考量讓台日之間即使只有民間的關係，但仍有可讓雙方的交流具備法律基礎。

這說起來有點複雜。舉個例子來說，現今台灣人在日本被拘留或逮捕，日本警方並不會通知駐日代表處，因此駐日代表處無從幫助我們的僑民或旅客。

中國施壓，加上台日灣關係缺乏法律基礎，交流倍增困難

　　而在正常的外交關係下，當外國人被拘押或逮捕時，第一時間會先通知該國駐在日本的大使館或領事館等駐外使館。因此，使領館便會出面關心，包括派員與被拘留者接觸面談，提供各種幫助並避免遭受到不當的待遇；相對的，日本人在台灣也有一樣需求。

　　還有，以前在日本的外國人登錄證（在留卡）的國籍欄將台灣人也列入「中國」，引起我國各界異議反對，後來日本政府將這個欄位改為「國家／地區」，國人就可以標示「台灣」。但除了在留卡外，在日本還有很多類似的問題，仍然無法根本的解決。

　　因此，不只是台灣政府呼籲制定「台日交流基本法」，許多來台在台灣生活（包括留學、工作、婚姻、旅遊等）的日本人，與他們的家人，都支持立法。尤其如今台日人民之間彼此友好、往來日益密切，讓彼此交流跟互動具法律基礎，倍增安心與順暢。

美國以台灣關係法比照辦理台灣事務

　　反觀，1979 年美國雖與中國建交、並與台灣斷交，但因隨即在同年頒布「台灣關係法」，美國與與台灣的關係因此具有法律基礎。例如，台灣人入境美國的簽證與

護照上均以「Taiwan」標示；美國可以為了保障台灣的
安全而提供武器…。即便美國的各項法律不「適用」於
台灣，也可「比照辦理」來對應處理。這些都值得維繫
推動台日關係密切關注、參考。

　　寄望於跟台灣一樣具有民主價值觀的日本國民，理解
台日關係法律化的重要性，並進而影響政界、推動加速
制定。期待在我身為駐日代表的期間，能實現制定「台
日交流基本法」！！

15. 維繫區域穩定和平，
日本應有大國的領袖承擔

日本這兩年來有多次在國內、國際上表達對台灣和平安全的重視與關切，2021 年 3 月 24 日自民黨內主動通過決議呼籲制定「台日交流基本法」，被視有意牽制中國，其決議文指出「中國正採取單方行動，試圖以軍事力量改變現狀」，並把台灣定位為享有共同價值觀的夥伴。

近年來日本關切台海和平穩定

不只如此，同年 1 月美日外長與防長的 2+2 會談（美日安全諮商會議）就聚焦台海和平，接著 4 月 16 日時任日本首相菅義偉（Suga Yoshihide）前往美國訪問拜登總統，於首腦會談後的聯合聲明更提到，「美日雙方再度重申台海和平穩定的重要性，並呼籲應和平解決兩岸問題」。

這是時隔 52 年，台灣再次被納入日美首腦會談共同聲明裡。台灣地處東亞戰略要地，我們衷心歡迎並感謝美日兩國重視台灣及周邊鄰國地區的安全保障。

日本的政商界較傾向中國

因為有著歷史因素，日本與中國之間維持和平相當重要，然而日本長年持續釋放善意，就結果論看，中國的態度至今並沒有多大的改變。中國製作、上映的電視或電影，對日本多半並不友好。

李登輝前總統曾經對我說過，「日本已喪失自信已久，不知何謂對錯。可以說，凡事顧慮中國已成了習慣。」然而不僅是台灣，許多亞洲國家都期盼身為已經是先進國家的日本和日本人，應該為地區的穩定與繁榮扮演領袖的角色。

日本一直沒有發揮領導力

若看其他國家例子，歐洲波羅的海三國之一的立陶宛這兩年開始深化與台灣的關係。波羅的海三國有與前蘇聯對峙，成功推動民主化的經驗，因此對中國處理新疆維吾爾族自治區及香港問題上表達強烈批判。雖然雙方沒有外交關係，台灣外交部 2021 年 11 月 18 日宣布在立陶宛首都維爾紐斯設立「駐立陶宛台灣代表處」，這是首度以「台灣」的名義，在歐洲地區設置的代表機構。立陶宛也在 2022 年 11 月 7 日於台灣成立「立陶宛貿易代表處」。

兩國更互相支援共同對抗新冠疫情，台灣捐贈口罩給立陶宛，立陶宛也提供疫苗給台灣。除立陶宛，捷克也開始與台灣深化雙邊關係，這些國家雖然不是大國，但也不會對中國言聽計從。

日本被 1972 年中日建交時簽署的
中日聯合聲明所束縛

中日建交時簽署的聯合聲明提到，「日本政府充分理解並尊重中華人民共和國政府的立場，主張台灣是中華人民共和國領土不可分割的一部分」。儘管日本政府的立場是「尊重」，但有時被視為「承認」台灣是中國的一部分。然而，「尊重」與「承認」兩者意義可謂天差地遠。其實美國、加拿大與日本一樣，都沒有承認中國對台灣的主張。

1972 年 9 月日本與中國建交、台灣斷交時，當時日本首相田中角榮曾對台灣政府說過，「日本與台灣間失去的只有邦交，我會盡力在其他方面維持現狀」。言猶在耳，如今國際情勢已與當時一面倒的傾向中國大不相同，我曾在產經新聞專訪時表達，更希望日本能有身為大國的自信，做出行動。

16. 出身於台北的中醫世家

我的父親出生於 1916 年（大正 5 年），是一位具有漢文素養的中醫師。在昔日台北的繁華市街大稻埕為當地人看病。父親雖是中醫師，但沒有自己的診所，借一家中藥店的一角替人看病。家境不算很富裕。

少年時代，台北日語仍然普遍

我出生在二戰結束不久的 1946 年 5 月。父親很注重對子女的教育。但不知何緣故，在我小學 5 年級時，父親投資一家縫紉工廠失敗，家產一空，一時連吃飯都成了問題。當時小學補習每個月必須繳學費，但家中沒錢，我只好幫忙學校老師操作複印機等小型機器印刷來賺取補習費。

當時台灣社會使用日語仍很普遍，我母親的娘家多半講日文。日本的「平凡」、「明星」等雜誌在雜貨店或租書店都可以見到。我記得在租書店的雜誌最後一頁供借書人簽名的欄位，總有將近 100 多人的閱覽紀錄。

當時，日本當紅的吉永小百合、淺丘琉璃子、石原裕次郎等明星在台灣也都非常受歡迎。

戰後日本文化仍廣泛影響民間

二戰後，統治台灣的國民黨政府蔣介石禁止廣播電台使用日語。即使如此，在電視機還未普及之前，宮本武

藏（日本江戶時代劍術家）、國定忠治（日本江戶時代的俠盜）、丹下左膳（Dange Sazen，日本小說中的劍客）等時代劇幾乎每天都在廣播中播放。即使不是以日語播放，日本的故事還是很受歡迎。

所幸日本歌謠、樂曲等沒有被禁，我喜歡聽「博多夜船」等歌曲。記得當時一年平均允許上映五部日本電影，我也喜歡鶴田浩二等電影明星。

戰前就生活在台灣的世代，並不相信國民黨所發行的新聞報紙，所以其中也不乏有人會收集電子零件，自製短波或中波的無線收音機，收聽日本放送協會（NHK）和美國之音等海外新聞廣播。

初、高中時代啟發體操技能

上了初中，由於家裡經濟狀況仍是不好，我放棄需要搭公車上學的中學，選擇走路 30 分鐘就可抵達的成功中學。成功中學在日本時代成立，當時稱「北二中」，2022 年建校滿百年，是具有悠久歷史的學校。

進入成功中學後，遇到了駱溫壽老師，我對駱老師教授的體操競技深深著迷。當我開始在吊環等體操項目嶄露頭角，駱老師四處奔走，為了讓我能進入擁有體育教育較佳的高中。

有一天，駱老師騎腳踏車載我，前往一所體育名校，要把我介紹給該校體育老師。他讓我在外面等，自己和體育老師談了一個小時左右。結果因為我除了體操之外，其他科目的成績幾乎都不及格，因此無法進入那所高中就讀。

　　駱老師十分惋惜的安慰著哭泣的我，說「那樣的高中不去也罷」。那時老師的那番話與那個情景，我永遠不會忘記…。之後，我進入了離成功中學不遠的台北商業學校（後為台北商職，今為台北商業大學）就讀，接受進一步訓練，成為校隊的吊環、體操選手。

17. 放棄參加奧運,進入台大法律系

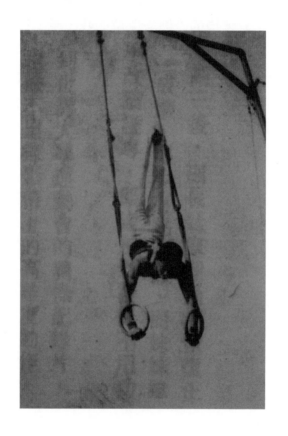

2021 年夏天在日本親眼目睹台灣選手在東京奧運、帕奧中出色的表現，我感覺到彷彿自己也出場參加東京奧運一樣。

高中時代曾懷奧運夢

初中時，學校駱溫壽老師指導的器械體操似乎很適合我，尤其擅長吊環項目。我曾拿過中上運動會（全中運前身）吊環金牌。因此也曾認真想過走體育這條路，希望能代表台灣參加奧運，但最後發現自己沒有世界水準，不得不放棄。

就讀北商時，因為每天進行吊環訓練，手指逐漸變粗。在還沒有電腦、手機、計算機的時代，商校的必備技能就是打算盤。然而。變粗的手指往往一撥，算盤珠就同時有兩、三個被撥動。算盤技巧變得很不順手，現在回想起來覺得很好笑。

以律師為人生新目標

或許是無法代表台灣參加奧運的遺憾，成了我努力尋找新人生目標的動力。因為弟弟妹妹都已經進入了好學校，我決心必須比別人更加付出兩、三倍以上的努力，後來終於考上台大法律系，身處在國民黨一黨獨大的專制政權下，當時社會上種種矛盾與問題開始不斷冒出來，我腦中於是浮出了律師這個職業。

雖然我很幸運通過入學考試，但進了台大後，身邊同學都是名校出身，讓高職出身的我感到有些自卑。這就是為什麼我在大學裡每天從早到晚努力念書，也是因為當時有一種不服輸的心態。

當時的台灣，律師與法官的資格考試是分開的。律師考試比法官難度高，也有很多現任法官參加律師考試。舉個考題為例，就有考到羅馬帝國時代的法律制度，這是大學四年級課程中才學的艱難問題。但我靠著自學，在大學三年時就通過了律師考試。

國民黨專權統治下社會浮現矛盾

律師考試難度很高，正式的律師考試約有 1500 人參加，最多卻只有 7 人能通過艱難門檻。

但是在當時國民黨政府專權統治下，又出現另一種律師資格氾濫的矛盾景象。國民黨為偏坦自家人訂下規定，隨著軍隊一起退居來台、在中國大陸選上的國民黨籍立法委員，以身為立法者為由，即便缺乏法律知識也自動擁有律師的資格。不僅如此，軍事法庭上，還有不具法官資格的軍人也能擔任法官等，無法想像的奇案屢見不鮮。

留日半年遇上台日斷交

台大畢業後，我通過日本大使館舉辦的考試，1972 年正式成為日本公費留學生，前往京都大學攻讀碩士學位。因為從小就熟悉日語，所以去日本留學也感覺順理成章。

然而，我在京都的留學生活不到半年，就發生了一般碩士生無法想像的事件。我 4 月前往京都時，台灣與日本還有正式的外交關係。沒想到，1972 年 7 月田中角榮上台組閣，9 月就做出重大變動。日本政府與中華人民共和國建交。這結果導致日本與「中華民國」台灣斷交。

寄望日本國民能理解兩岸複雜問題

「中華民國」台灣 1971 年被迫退出聯合國，同時中華人民共和國加入聯合國，成為安全理事會的常任理事國，那幾年台灣在國際的處境飄搖動盪。即使如此，1972 年 9 月與日本斷交的新聞還是令人震撼，台灣留學生更對將來充滿了不安。

我身為日本政府公費生的學生，也擔心獎學金隨時可能被中止、滯留日本的簽證被取消、是否能繼續留在京都念書等等。不僅僅是留學生，連台日關係的前景也迷失了。

對日本人來說，這一段歷史可能看起來很複雜。在日本，我一直很希望日本國民能理解當時的歷史背景與現

在台灣艱難的處境。台灣的正式名稱、社會地位都還有討論的空間，並非一朝一夕可以解決的。不過，台灣作為一個擁有相同民主主義價值觀的國家，願意和包括日本、美國、歐洲在內的國際社會，推動更多雙邊、多邊合作，並願意為世界衛生組織（WHO）等國際組織做出更多的貢獻。

交流協會成為斷交後日本對台窗口

日本政府在與台灣斷交後，為了繼續維持實務上的關係，1972 年 12 月外務省與通商產業省（現在的經濟產業省）共同成立「財團法人交流協會（現在的公益財團法人日本台灣交流協會）」作為對台的民間窗口。留學生的獎學金、簽證的辦理等事務，移交由交流協會進行處理，這讓我略略放下了心。

日本交流協會實質上也具備日本大使館、領事館的相關機能。台灣方面則由亞東關係協會（現在的台北駐日經濟文化代表處）作為相對的窗口。未來應該將這種民間關係提升到更高的層次。我相信日後台日關係的發展會因此更進一步。

18. 雪中的京都，一家人窩在被爐下

在台灣大學念法律系時通過了律師資格考試，因此對法律產生更深的研究興趣。

在京都大學攻讀法哲學

我的研究專題是「法哲學」，這是一個思考法律本質與目的的領域，包括何謂法律的理念、何謂法律的正義、何謂國家、惡法也是法？……等等研究。

1972 年赴日留學的第一年，我住在京都南禪寺附近的學寮（宿舍）「曉學莊」，空閒時在附近的「哲學之道」漫步思索。那時我還認真努力研究了與京都大學頗有淵源的哲學家西田幾多郎（Nisita Kitaro）的著作《善的研究》。

京大前輩的李前總統也深諳西田幾多郎的哲學理論。我在 1990 年代拜會李前總統時，發覺彼此都有相同的哲學概念。

留學期間與大學同窗游芳枝結婚

1973 年我與同為台大法律系的同學游芳枝結婚，並把她接到京都。在台大時，原本大一我專攻法學組課程，雖然法科成績保持得不錯。然而需要英文基礎的英美法不甚理想，一度擔心能否順利升級。也因此到了大二轉到不需要英美法作為必修科目的司法組，因而認識了司

法組的游芳枝。兩人還一同選修日文課，也因此更為接近。婚後，兩個人在京都一乘寺附近租一間小公寓生活，不久之後女兒就出生了。

我的指導老師加藤新平教授是個專注於學術研究與教學的人，老師離開辦公室之前，學生們也都還在研究室裡。由於我每天在研究室待到很晚，只有星期天，會帶著女兒，一家三口前往銀閣寺、八坂神社、嵐山等地走走。這些回憶令人懷念。

冬天下雪對於台灣人來說是稀罕有趣的。但出生於南國台灣的我感到很冷，時常一家三口擠在小房間的被爐中，努力地以日文撰寫論文。回想起來，許多有趣及令人懷念的光景一一浮現。

半世紀前的留學生活並不輕鬆

台日斷交後，我就不再是日本政府的公費留學生，改由日本交流協會繼續提供獎學金，獎學金對我在日本的留學生活有很大的幫助，但即便如此，在物價不菲的京都，與妻子、女兒一家三口生活也並非一件輕鬆的事。

我和妻子開始在住家附近有一家台灣人開的中餐廳「蓬萊」打工，在店裡幫忙點菜、洗碗、甚至送外送。我經常去京都御苑附近的警察署送外送。這樣的生活持續了大約兩年。

我記得當地人對於留學生都很友善。由於我是體操選

手出身，搬運餐點一事不算什麼。然而，拉麵、丼飯等餐點都有一定的重量，對我妻子而言，一定是很辛苦的。即使如此，一家三口一起共度困難的生活，至今仍是難以忘懷。

感謝人生中連結台日的種種因緣

值得一提的是，與我有深切緣分的京都陸續與台南市和高雄市簽下友好城市的協定。京都市門川大作市長與高雄市長陳其邁以線上方式進行簽署，兩市將透過產業、旅遊、文化、教育等領域進行交流，進一步深化友好關係。我也以線上出席的方式為雙方儀式見證。

我以前擔任過高雄市長，對此有格外的感觸。之前我曾提過，人到了這個年紀，會再度感到人生沒有「偶然」，一切都是「必然」的連結。

京都與高雄、體操與奧運、台灣與日本，必定存有某種意義，因某種因緣而連結起來。如果不是初中時，駱溫壽老師對我說，「你的身體很靈活，適合體操競技」這句話，開啟了我體操之路，也讓我擁有到了這個年齡仍能健康奔走的身體，得以為台日關係努力，這一切我感到深深的感謝。

19. 守護正義是律師的工作

我於 1976 年修完京都大學院（京都大學研究所）博士課程後返回台灣。進入台北市內劉旺才律師事務所實習，劉律師對我影響至深。

結束京大留學生活，返台成為律師

劉律師是留學日本大學的大前輩，常說「身為律師要有在野的精神」。雖然我除了律師資格外，也通過了司法官特等考試，但劉律師說「當了法官就會失去了在野的精神」，而我也始終堅持著這股「在野」的反骨精神。

台灣當時的律師多半避開刑事案件，多數人專注接民事案件。擔任大企業的顧問，不但收入相對的高出很多，在國民黨政權實施戒嚴令的情況下，涉及政治相關的案件，也擔心會有人身風險。

因為劉律師的原則與我的信念一致，我在事務所擔任顧問律師獲得收入同時，一方面也致力接手公益案件。例如協助有關不動產不正常交易、侵害市民權益等社會問題，並擔任「平民法律服務中心」組織的負責人，參與當時才剛起步，以消費者觀點的免費法律諮詢工作。

戒嚴體制下開始出現社會運動，於是為公義辯護

會有人好奇免費律師諮詢是非常罕見的？在當時的確如此，我還擔任過法扶律師。

當時，能支付律師費的人很少。70年代的台灣各地陸續有社會運動發生。國民黨一黨獨大的統治下，台灣仍處於戒嚴時代，是一個追求民主化的社會運動只會被視為「叛亂」的時代。

因為我開始接受這類社會運動的辯護案件，許多公司感到政治上的風險，紛紛與我取消顧問契約。但我作為一名留日專攻法哲學的辯護律師，一直堅信，無論世人怎麼說，只要自己認為是對的，應該問心無愧的面對相關的政治問題。

因1979年美麗島事件轉變命運

當時做中醫師的父親已經往生了。父親生前一如諸多台灣長輩常說「千萬不要沾染政治」，妻子也非常擔心，但我以「不會積極去招攬民主化運動等的政治辯護，但如果是對方要求你辯護而你卻拒絕的話，這樣不配當一個律師，因為，維護正義是律師的職責」，一番話說服了妻子。

因為剛從日本這個民主自由國家回來，所以對當時台灣社會嚴格的取締與政治體制有所反抗，換句話說，日本的生活對我影響很大。

1979年12月10日世界人權日，高雄市發生「美麗島事件」，這場要求言論自由的示威運動，許多參與者與

警方發生衝突被捕。事發後雖然被當成社會暴動報導，但我一直密切關注事件的動向。

　　隔年（1980年）1月，美麗島事件的發起人之一，姚嘉文先生的夫人，周清玉女士突然出現在我工作的台北律師事務所。周女士到訪的那一刻，我就有一種預感，「今後自己的命運會產生巨大的轉變」。我想我可能無法遵守已故父親的交代。

20. 為民主化運動「美麗島」
事件辯護

台灣作家陳若曦（左）、姚嘉文的妻子周清玉（中）。

1979 年 12 月，台灣發生呼籲民主化的「美麗島事件」發起人之一姚嘉文遭受逮捕後，夫人周清玉走進來我的律師事務所。我知道，從此，我將步上不曾想像、規劃的人生道路。

執政者「先鎮後暴」，藉機逮捕黨外菁英

姚嘉文也是律師，長期支持台灣民主化運動。當時不屬於國民黨的政治活動，一律稱為「黨外」，集結了從激進派到穩健派等各方勢力，創辦《美麗島》雜誌，發表民主化的訴求與批判，並以此為核心，組織成一股反對國民黨一黨獨大、人權制壓等的力量。

由於美麗島雜誌的幾次申請集會遊行都無法通過，因此，要求民主化且批判國民黨政府的示威活動，在進行中被以未經許可而阻止，造成示威團體與警察部隊當街發生衝突，進而發展成「美麗島事件」。

事後證實，這是「先鎮後暴」：先有使用暴力的鎮暴部隊，才促使群眾以暴力防衛對抗。國民黨政府藉機大量逮捕民主運動「黨外」人士，並以「叛亂罪」進行「軍事審判」，最嚴重者曾遭判處死刑。

台灣持續戒嚴長達 38 年

二次世界大戰後，由蔣介石所領導的國民黨政府有效支配台灣，並不斷打壓台灣在地人：

1949 年 5 月特務機關警備總司令部發布全台戒嚴令，直至 1987 年 7 月解除為止，一共持續了 38 年。這道戒嚴令，也是最令台灣人痛苦的枷鎖。

政府把這些針對中國共產黨（匪諜）的相關法令，「利用」在要求民主化的異議人士，肆行逮捕、軍法審判、關押或處決。

戒嚴期間，停止憲法的適用，一旦被特務機關當政治犯檢舉，就會依軍事審判長期送進監獄，因此，冤案非常多，特別是戰前接受日本高等教育的知識份子，往往被視為危險分子。

我為姚嘉文辯護，也是為台灣的民主運動辯護

美麗島事件發生於 1979 年，仍處於戒嚴時期，也是台灣繼二二八事件後，最為重大的政治事件，我當時從日本留學歸來不到四年，對於周清玉女士前來委任我幫姚嘉文學長辯護，隨我在日本備極辛苦、好不容易安頓好家人的妻子，非常反對，非常擔心我與家人會遭遇不測。

只是，身受法律教育、律師出身的我，也有我的理念原則，不可能拒絕姚夫人的拜託。

因為，我深深體悟，我除了是姚嘉文的辯護律師之外，也是台灣民主運動的辯護律師。所謂「美麗島（軍法）大審」，不僅僅是審判被告，也是對台灣民主運動的審判，我怎能為了自己生活的安定，坐視民主運動被問罪？！

速審重判，引爆民進黨創黨的行動

當時，美麗島事件成了國際社會注目的焦點。我前往看守所探望姚嘉文時，聊著風馬牛不相及的閒話，趁監視的憲兵不注意時，偷偷遞上國際社會對美麗島事件相關報導與評價，向信念堅強的姚嘉文傳達：台灣社會絕對不會捨棄參與者；而顧及國際觀瞻，國民黨政府應該不會再擴大濫捕濫訴。

軍事審判從起訴到判決不到兩個月，姚嘉文被判 12 年有期徒刑，律師團強調，這不是叛亂，而是「亂判」。幸而嘉文兄於 1987 年獲得假釋，並在 1990 年 5 月由時任總統李登輝特赦（共 34 人），並恢復公民權。

前總統陳水扁、兩度擔任行政院院長的蘇貞昌，以及前行政院長張俊雄也都是本案的律師團成員，美麗島事件也促成 1986 年 9 月組成民進黨的一個契機。而局勢演變至此，我全力參與民進黨創黨，跨越原先擔任辯護律師時與妻子的底線約定「絕不參與政治活動」，讓家人一度處於驚恐陰影，這是我很難彌補的愧疚。

21. 平息南非武官遭綁架風波，
為陳進興無辜之妻辯護

欣慰僅穿西裝成功解救人質。

在接受河崎先生採訪時，他問到了，回顧我律師時期所接辦的案件，印象最深刻的是…？我想，除了前述改變我人生規劃的美麗島事件之外，就屬為綁架殺人犯陳進興之妻辯護一案。

人神共憤的重犯持槍挾持南非駐台武官全家

事件最早發生在 1997 年的 4 月，台灣知名歌星影星之女在放學回家路上遭到綁票。犯罪集團不但要求巨額贖金，並對被害人進行嚴重傷害與凌虐，甚至殺害棄屍，暴虐殘忍行徑震驚台灣社會。

七人的共犯集團犯下多起人神共憤案件。警方雖積極追捕並陸續逮捕到案，但唯一在逃的主嫌陳進興 11 月間持槍侵入南非武官官邸，挾持一家五口。

陳犯透過與現場轉播的電視媒體通電話，說曾寄信給我要求為他無辜的妻子辯護（因寄到市黨部等其他地點，我隨即趕快請人找到），還指名要我前往現場，令我嚇了一跳。

為守護正義涉險，若遭不幸，就當作是交通意外

脅持人質事件發生時我正在高雄積極準備次年的市長選舉，晚上看到新聞後，隔天一早便北上前往現場。原本駐守員警禁止進入，後來在陳進興要求下，警政署來電拜託我前往。

午後再度抵達時，陳犯的妻子已經在裡面，受傷的南非武官與大女兒已獲得釋放，武官的妻子跟兩個小孩仍被挾持中。

離開高雄前，我以電話對妻子說，「我收到陳進興寄來委託我辯護的信。人為何而死？身為律師，直到最後一刻都需要守護正義」、「萬一真遭遇了不幸，就當我是交通意外」，毅然地離開了家。

身著西裝，沒有任何防護，以取得兇犯信任

已經做好最壞打算的我，並未穿戴防彈背心，更沒帶槍戴安全帽，就隻身進入。據說，我妻子邊看電視的直播，一邊哭泣。

陳犯看到不戴任何防護，身穿西裝的我，先是嚇了一跳。再加上能與我用台語溝通，漸漸卸下心防，接著開口拜託我替他的妻子辯護。

陳說，「自己是與同夥犯下的綁架殺人，但無法容忍無關的妻子卻被當局視為共犯，遭嚴加刑求拷問」，希望「審判時能為妻子辯護替她申訴」。

基於犯下種種卑劣罪刑、殺害女高中生的陳犯對其家族仍有愛，我這樣跟陳犯說服：「犯下殺人綁票重案的你，一定被判死刑。然而現在你脅持人質，若再傷害人質、警員，不僅僅是你，你的可愛的孩子、要求我辯護的妻子，終其一生都會遭受無法終止的痛楚。」

「我接受替你妻子辯護，你投降吧。」

接著，我持續地跟陳犯分析，並且答應：「我接受替你妻子辯護，你投降吧。」

經過長時間的談話、溝通，陳犯最後點了頭同意。分批釋放嬰兒小查克（由侯友宜在場外抱起，成為媒體新聞焦點）、三女兒克莉絲汀、交出手槍（請監察委員葉耀鵬進屋取出），接著釋放夫人安妮。我走向官邸外面向在場媒體說明情況後，再度進入屋內。陳要求 15 分鐘的時間能與妻子道別，最後向我說了「謝謝」後，在 19:45 棄械投降（由侯友宜進屋取出）。

歷時約 24 小時挾持南非武官為質事件，終於落幕。

我所幫忙辯護的陳犯之妻，由於並非共犯，僅僅是家人的幫助逃亡罪，因此被判處 9 個月的有期徒刑。

守信與竭盡律師天職，感恩善念留下善緣

我基於守信以及律師天職，無酬為替嫌犯妻子辯護一事，引起社會部分批評的聲音。尤其是獨生愛女遭受綁架撕票的母親，對我非常不諒解。當時正是我競選高雄市長的重要時刻，壓力可以想見。

所幸，高雄市的選民理解這是我身為律師的工作，投票給我，讓我贏過國民黨候選人，當選高雄市長，真是感恩欣慰。

遭遇綁架的南非武官一家順利返回南非，並捎來感謝的信函。在我 1998 年高雄市長競選活動時，幫忙以英文唸出這封謝函的奧地利人士，現在也以該國的大使館公使身分派駐東京，我們雙方在東京仍有交流。

深深感到，人生的確存在著不可思議的緣分，善念留下美好善緣。

《人質．謊言．錄音帶：謝長廷目擊圍捕陳進興現場》電子書

22. 創立台灣第一個在野黨，
寫下給妻子的遺書

「美麗島事件」大規模逮補審訊監禁黨外菁英，激發台灣追求民主人士集結一股追求民主之路的勢力與潮流。包括家屬與辯護律師紛紛當選民意代表；知識界與文化界公開表示支持，甚至加入；各種黨外雜誌陸續出刊，吸引更多國人認同黨外…，逐漸形成建黨契機。

美麗島事件凝聚台灣民主力量籌備創黨

民進黨成立當天，聚集了參與過美麗島事件示威遊行的民主活動家、像我一樣替美麗島事件辯護的律師等 130 多人。因此，美麗島事件算是民進黨成立的出發點。

如今說來，可能 40 歲以下的讀者都很陌生，或許也錯覺台灣一直都是兩黨政權交替。

1986 年的台灣，仍處在「戒嚴時期」，人民沒有「集黨結社」與「言論自由」，國民黨政府一黨獨大，處處壓制人權，也可以說跟現在中國大陸共產黨政權的情況很相似。

籌建在野黨，制衡國民黨政權，實現民主化，是台灣人長久以來的悲願。當時，不屬於國民黨組織或人士的政治活動一律都歸為「黨外」，執政者視為「祕密結社」，並嚴密監視黨外人士的聚會。如果被發現是在籌組政黨，更是隨時有被逮捕的危險。

寫下民主運動史重要一頁，也寫下了遺書

美麗島事件中被逮捕的人士、辯護律師等追求民主化的成員，明知可能被捕，還是在極度保密情況下進行建黨的準備工作，消息完全沒有走漏。黨外人士巧妙掌握各種形勢，例如選在特務機關偵查鬆懈的週末、在台北市內的飯店、以別的名義進行聚會…。

1986 年 9 月 28 日，黨外人士藉著在圓山大飯店舉行「1986 黨外選舉全國後援會候選人推薦大會」，以電光火石速度，突襲式宣布創立民進黨。

事隔三十餘載，在河崎先生採訪追問下，我也明說：創黨活動那天，我出門前交了封「遺書」給妻子。表達對於打破與妻子約定，參加政治活動的歉意。並解釋，萬一被逮補，民進黨就算是只成立一天，也寫下創立二戰後台灣第一個野黨的歷史，有幸可以參與，留下台灣史上一個記錄，就算被當成政治犯判刑，也非常值得了。

民主進步黨的名稱是我提議的

民主進步黨的名稱是我提議的。集會中，有對民主主義持保守派的人，也有對勞動問題、環境問題等懷有強烈自由意識的人，各有各的思想，並非齊心一致。

不過，為了對抗一黨獨大，獲取民主主義的勝利，除了以大同小異一致對外的方式，別無他法。因此，結合

保守的「民主」，與自由的「進步」，成為黨名，共同
奮鬥。

只是當時台灣的新聞媒體對於野黨的成立，幾乎沒有
報導，僅在中國時報這樣的大報上，有短短幾行的敘述。

蔣經國默認建黨事實，並於翌年解除戒嚴

當時的總統蔣經國先生在民進黨成立三日後，向李登
輝副總統說，「視民進黨為一般民間法人就好」。國民
黨政府有此接受在野黨的覺悟，也可算是一種事實上的
默認。相信這背後也有美國向國民黨要求民主化的壓力。

台灣的選民敏銳感受到政局的轉變，同年底的立法委
員選舉，雖受限於戒嚴令尚無法核准登記，但以黨外名
義參選的民主進步黨人士取得 12 席立法委員佳績。

緊接著 1987 年 7 月蔣經國先生宣布解除為時 38 年的
戒嚴令，至此開放黨禁、報禁，遭受約束的媒體獲得言
論報導自由，如雨後春筍般蓬勃出現，整個台灣社會產
生大幅度的變化。

民進黨證明中華文化圈存在自由民主社會

在接受河崎先生 2021 年採訪的時候，從建黨已歷時 35
年，回想自是感慨良多。

建黨 14 年後的 2000 年總統大選，陳水扁當選總統，

民進黨取得勝利，獲得了執政黨的地位。重新改寫除了國民黨別無選擇的台灣政治歷史，這是第一次政黨輪替。

雖然 2008 年民進黨敗選，經過反省檢討，於 2016 年完成二次政黨輪替，民進黨再度成為執政黨，貫徹「自立自決」的立場。蔡英文總統不但在 2020 年連任成功，且在兩次大選，都帶動了立委過半席次，民進黨得以「完全執政」。

河崎先生認為，民進黨證明了中華文化圈裡也存在自由民主的社會。

23. 建黨 10 年首次投入總統大選，得票率奇蹟般 21%

1990 年代李登輝總統修憲，總統選舉採取公民直選制度。1996 年 3 月 23 日是台灣第一次總統直選的選舉日。

彭明敏先生與我代表民進黨參選

大選期間，有多位國外媒體來台採訪，親眼目睹了大選的盛況。

在此之前總統選舉都是由國民黨主導的間接選舉，無法反映台灣的民意。當時，企圖改革國民黨內部的李總統，也投入這場選舉面對選民審視。這意謂著由曾經代表全中國的「中華民國正副總統」，事實上成為「台灣的正副總統」。

另一方面，民進黨自 1986 年成立已進入第十年。若第一次的總統民選沒有推出參選人，就失去了身為在野黨的意義。因此民進黨推舉了著名國際政治學者、前台灣大學教授彭明敏先生（2022 年 4 月 8 日逝世，享年 98 歲）為總統候選人。

彭明敏先生於戒嚴時期因起草「台灣自救運動宣言」成了政治犯，被迫流亡美國，直到 1992 年李登輝總統廢除黑名單，才在那年回到幾十年無法回來的故鄉台灣。

新選制才第一次上路，民眾還不是很熟悉之下，民進黨內有好幾人表達成為副總統候選人的意願。我當時正

在第二任立委職務中，為了表達爭取成為副總統搭檔的決心，我宣布辭去立委職務。

彭先生因為返台尚不過數年，因此經由初選挑選熟悉地方政治的我為副總統候選人。

彭明敏與李登輝背景相似，但境遇殊途

彭明敏先生與李登輝先生都是 1923 年出生。二戰前兩人雖沒有交集，但都是留學日本帝國大學。兩人學成後回台認識的。因此背景與想法有許多共通之處，再加上兩人在 1960 年代同為台灣大學教授，有一定的交情。我曾聽過兩人之間幾乎全以日語跟台語進行談話。

但是，1971 年李登輝先生加入國民黨，所學專長農業經濟受到重視，之後入閣被委以相關職務，歷經台北市長、副總統等，機緣之下 1988 年 1 月接任總統，推動體制內的民主改革。

另一方面，彭明敏先生因被國民黨政府判刑成了政治犯，逃亡美國期間，仍致力推動台灣民主化，兩人人生經歷從此南轅北轍。

彭李兩人的命運都非常特殊。我對於兩人競爭總統大位的機遇感到不可思議。然而，競選期間，兩人都沒有批判對方陣營，只是堂堂正正地公開論述自己的政見，選戰中常有的口角之爭並沒有發生。

如何看待 1996 年總統大選的結果？

1996 年這場選舉已經過了快三十年，現在才能敞開而談。當時不論民進黨提出什麼樣的候選人，都很難挑戰成功，因為當時李登輝先生的支持率非常高。

以往國民黨的掌權者，蔣介石與蔣經國都是中國大陸出身。李登輝先生是台灣出生，是台灣第一個出身本土的總統，因此不論所屬政黨，台灣人有很高的期待。投票的結果，李登輝陣營獲得 580 萬票，以 54％的得票率當選。

但另一方面，民進黨首次提名參選，開票結果獲得將近 230 萬，獲得 21％的得票率。儘管敗選，但我覺得以新成立 10 年的政黨取得這樣的成績，選戰打得還不差。

顯示四分之三選民對台灣未來的期待

當時的選舉有 4 組候選人參選，台灣出生的彭明敏先生與我在「本土色彩」與「愛台灣」與李登輝先生旗鼓相當。

1991 年蘇聯解體，東西冷戰結束。那個年代台灣整個社會也有大幅的變化，處於解嚴之後各種解禁的時期。想想看雙方合計有 75％的得票率，顯示台灣四分之三的選民期待台灣能走出自己的未來願景，我感受到這是一場「台灣人民必勝的選戰」。

民進黨在選舉結束後，雖然敗選，我們仍進行巡迴台灣的謝票活動。以往從未想過的人民直接投票之總統大選，似乎可以改變台灣人慣有的政治意識形態。更沒想到在 4 年後，民進黨打敗國民黨候選人，完成了台灣首度的政權交替。任誰也沒有想過，國民黨的統治有結束的一天。

24. 投票前一天，
正副總統槍擊事件的重大衝擊

2000 年台灣第二次民選總統大選，民進黨總統、副總統候選人陳水扁、呂秀蓮擊敗了被認為難以撼動的國民黨，首次實現了台灣政權交替的快舉。

2000 年總統大選實現台灣首度的政權交替

高雄以前黨外勢力活躍，也是 1979 年 12 月美麗島事件爆發的地方。我在 1998 年當選高雄市長，2000 年總統大選時我也在高雄輔選。那次選舉由於有宋楚瑜這樣重量級候選人脫離國民黨參選，造成支持國民黨的選票分散，形勢相對有利於民進黨。而且，支持台灣住民自決的民眾傾向支持民進黨，台灣的民意已不再往長久以來一黨獨大的國民黨傾斜。

民進黨成立不過 14 年，就讓戰後持續統治 50 年以上的國民黨政權劃下了休止符，那一刻令人喜不自勝。

2004 年選情緊繃，正副總統遭槍擊

然而到了 2004 年總統大選時，面臨民進黨要爭取連任，但國民黨候選人連戰先生民調支持率拉升，到 2003 年底，選情變得十分緊繃。

就在選舉日前一天，2004 年 3 月 19 日，發生了震撼社會的事件。登上競選車輛在台南市進行車隊掃街拜票的陳水扁與呂秀蓮，因遭受槍擊而受傷。一聽到消息，我馬上從高雄趕往台南探望。

其實，同一天的上午，陳、呂二人就在高雄掃街拜票，我也一同登上車隊。如果事件發生在高雄，可能我運氣不好也會波及而受傷。這種情況其實非常兇險，台灣曾發生過好幾次政治恐怖事件，陳水扁先生的妻子過去也因交通事故造成下半身不遂，當時有不少人將其視為恐怖事件。

陳呂兩人皆受傷

事件發生後陳水扁與呂秀蓮馬上被送到台南奇美醫院，醫院周邊並安排重重警力戒備。但是案發當時，歡迎陳呂二人的鞭炮聲蓋住了槍擊聲，導致沒人聽到槍聲，也沒有犯人的目擊情報。

兇手的第一發子彈貫穿了兩人乘坐的敞篷競選車擋風玻璃，打到了呂秀蓮副總統的腳。接著第二發子彈打中了陳水扁總統的腹部，引起出血。醫院馬上安排 X 光攝影，在陳水扁先生的上半身發現子彈的影像，但醫療團隊找了半天都沒找到子彈，最後在上衣外套內發現，讓大家鬆了一口氣。

所幸陳水扁先生腹部只是輕微的擦傷，呂秀蓮女士的傷也不重。

此次槍擊，所幸正副總統（候選人）都只是輕傷，因此，第二天照常投開票。

推測不是有幕後組織的暗殺事件

當時流傳著各種陰謀論和自導自演的說法，但我親眼看到兩個人的傷勢，沒有作假。

從殘留的子彈和槍的威力來看，似乎是從自製的小型槍枝發射。如果是組織策畫的政治暗殺，勢必會使用更有用的武器。

所幸事件並未影響隔天的投開票，陳、呂以 0.228％ 得票率之差獲得連任。

槍擊事件後，不分執政、在野黨都中止所有競選活動，投票前晚台北市的造勢活動也因此取消。這個事件是否影響到選舉結果，其實難有定論。

25. 台灣高鐵也是台日情誼的寫照

留學京都大學等赴日時期，曾不少次搭乘新幹線，猶記得當時非常的羨慕日本。在 2005 年擔任行政院長時，有緣促成台灣高鐵順利在台灣奔馳，也歸功於深厚的台日情誼。

2005 年任行政院長時，高鐵被批為「廢鐵」

對日關係中，令人印象深刻的是 2005 年 11 月 6 日，以行政院院長身分搭乘測試中的台灣高鐵。

2005 年 2 月，陳水扁總統進入第二任任期，邀請我擔任行政院院長。

當時是「朝小野大」（國民黨的立委席次遠勝於民進黨）的局面。上任以來，便面對野黨不斷譏諷興建中的高鐵變「廢鐵」，甚至要求停止興建、中斷行政支援。

由於高鐵的興建從規劃到興建，當時已前後歷經 11 年，民間與官方各投入巨額資金與心力，不容輕易放棄。經過研析相關問題，發現癥結在於最後一哩路的技術與資金遇到瓶頸：

由於高鐵工程屬於民間計畫，一開始民間投資者朝著引進歐洲高鐵技術的方向進行。後來考量地震、颱風等防災對策，轉為導入日本新幹線的技術。由於部分採用歐洲技術、又混雜使用日本技術，導致現場的整合非常的辛苦。

快速解決高鐵完工二大障礙

所幸經過東京大學工程博士出身的閣僚周禮良聯繫奔走，非常感謝得到包含日本 JR 東海等日方真摯的協助，順利解決技術問題。

正由於以上的工程變更，加上所導致的施工進度落後，又造成資金的明顯缺口。由於高鐵興建過程籌措資金有很大的困難，因此，我在綜合研判後，由行政院從航空相關預算中，撥出 70 億台幣支援。

正因為快速解決瓶頸問題，高鐵得以繼續興建，而且很快就可以試乘。試乘活動除了台灣媒體，也開放給包含本書採訪者日本產經新聞台北支局長河崎真澄等海外記者媒體參加。當一起體驗台灣高鐵以行駛最高速度 300 公里通過台南地區，那個歷史的瞬間，令我像小學生一樣的莫大興奮！

北高只要 90 分鐘，台灣也有「新幹線」！

克服種種困難的台灣高速鐵路，實現一個半小時連結台北到高雄 345 公里的距離，是從前所無法想像的，真是一件很幸福的事。

從通車迄今的行駛情況，足以證明，引進日本製的車輛實在是正確的選擇。台灣公共電視台與日本放送協會（NHK）共同製作的電視劇「路」，其中就描述記錄了

這一段難忘的經過，讓人再度感受到以新幹線所連結的台日情誼。

附帶一筆趣事。我卸任行政院長後，代表民主進步黨參加 2008 年總統選舉，當時南來北往都是搭乘高鐵（從板橋起站）。某次在高鐵站看到同為候選人的馬英九先生和幾位立委，心裡笑想，他們不是一直主張讓高鐵變廢鐵的嗎？

台日民間情誼深厚，企業技術與資金合作密切

有人會好奇，台灣為何迄今仍與殖民台灣 50 年的日本有著深厚情誼？

如果細讀歷史記載可知，台灣是因為清國在與日本的「甲午戰爭」中戰敗，把台灣割讓給日本，並不是日本侵略台灣而佔有統治的。

而台灣人民在日本進駐時當然各地也都有「抗日運動」，在無奈接受異國治理後，殖民地台灣固然與日本本國人在政治、經濟上有著差別待遇，但家中長輩卻時常誇讚「日本時代」的台灣治安、教育、經濟文化發展與人民參政機會，比較早期來台的國民黨，都是相對進步的。

二戰前接受過日本教育的台灣人，戰後成為與日資企業的橋梁，從日本引進技術或資金，甚至進出口貿易等

方面扮演著重要的角色。知名企業如台泥辜家、新光吳家、台灣松下洪家、長榮張家、台南紡織侯家與吳家等，在創業初始，都與日本企業有密切的產業技術或資金合作，構築累積了長期經營優勢。

戰後國民黨要求反日，如今台灣人最愛遊日本

戰後的台灣，國民黨實施戒嚴令長達 38 年，意即長時間一黨獨大支配，人民的基本人權遭受各種限制，大則包括黨禁、報禁、中央萬年國代竟有大陸代表，小則人民不能出國旅遊、各機關學校都有情治（安全）單位進駐、留學生拿獎學金必須監視同學…等等，這些都是如今民主法治下的台灣人無法想像的情境。

或許因為多數台灣人習慣肯定戰前的日本治理，直至 1987 年解除戒嚴令為止，國民黨政府的教育方針重視「反日」，例如藉七七事變批評日本發動戰爭。卻沒體察，七七事變時的台灣，因為被清國割讓給日本，那時台灣人已經被認為是日本人。但在二戰末期被盟軍轟炸的台灣，戰後被「光復」，搖身變成戰勝國…，歷史曾經開了台灣太多太大的玩笑。

到了李登輝總統執政時，才首度、漸漸開始對日本進行公平的評價，台灣人民對日本事物的好感，亦無需再隱瞞。尤其，年輕一代透過圖書、漫畫、動畫、影劇、

旅行等多元認識日本，自主產生諸多好感與親切感，期待台日年輕人有更多的交流與互相學習，相信會有更讓人驚喜的火花。

26. 烏山頭水庫 100 年，見證台日情誼

八田與一技師事蹟放在金澤市的「故鄉偉人館」。

偶爾我回想起 1972 年以日本公費生在京都大學念書時遭遇「中」日斷交，到現在還是對當時的震愕記憶猶新。不難想像，對一個學生就如此衝擊，當時官方處境勢必更為艱難。

斷交造成諸多艱難處境

舉例來說，位於東京港區元麻布的「中華民國駐日本大使館」因為斷交被迫交出，大使館館員撤出前把重要文件收拾或銷毀，最後把鑰匙交給日本外務省，成了現在「中華人民共和國駐日本大使館」。

當然台灣也有守護成功的例子，像是東京中華學校、橫濱中華學院、大阪中華學校等僑校，在日僑胞不屈服各種壓力，堅決不交出僑校給中國。在那段艱難的時刻，民間努力守住台灣在日資產這段歷史，是非常寶貴的過程。

2022 年中日建交 50 周年，也是日本與中華民國斷交 50 年。對台灣而言，與其悲嘆與日本的斷交，應該更重視與日本間的「百年羈絆」。

民間情誼長存，百年羈絆

2021 年 5 月 8 日蔡英文總統出席在台南市舉辦的百年慶典，慶祝日本技師八田與一於二戰前建設烏山頭水庫

100 周年。這個水庫與灌溉設備，令原本不毛之地的台灣中南部成為廣大的穀倉地帶，農民至今仍懷感謝日本與八田與一技師所做的貢獻。

典禮當天，八田與一技師的故鄉石川縣的相關人士以線上出席的方式與會。台灣與日本之間有數不清的像這樣無關外交關係的民間羈絆，至今依然延續著。

蔡總統在典禮中提到，「效法 100 年前八田與一建造烏山頭水庫的先見之明、勇氣以及行動力，台灣與日本在防疫、氣候變遷問題等各方面密切合作，努力為百年後的子孫留下更好的環境」。

當天的紀念活動除了蔡英文總統，還有賴清德副總統、行政院長蘇貞昌也出席。台灣三個最高首長一起出席活動，相當罕見，顯示台灣對日本情誼的重視程度。誠如蔡總統的致詞，更重要的是繼續強化與日本之間的互動情誼，延續台日之間的百年羈絆。由於 Covid-19 疫情影響，2020 年駐日代表處無法舉辦雙十國慶慶祝會，到2021 年起的國慶晚宴開始強調「台灣與日本的 100 年情誼」。

日治時代為台灣留下很多基礎建設

其實，未必剛好 100 周年。台灣留有許多日本統治時代的建設，橫跨明治時代、大正時期到昭和初期，包含

鐵道路網、火車站、學校及街道景觀等等。除了基礎建設和建築物外，還有農業、工業、教育、衛生醫療等許多看不見的遺產。

二次世界大戰結束之前的 50 年，台灣在日本統治時代過程中，實際上也有發生過一些反抗活動。但如果可以乘坐時光機回到 100 年前，可以理解當時台灣的經濟發展或是文化程度都算是亞洲最好的。

希望台灣與日本間跨越時空、跨越百年的情誼能夠代代相傳，傳給下一個百年的子孫們。對於台灣，日本統治時代的這段歷史非常特殊。我在日本面對當地記者訪談時，也表達希望日本也可以共有這一段歷史和思想。

27. 迎向下一個 100 年
台日的民間交流該如何強化

日本於 1972 年與台灣（中華民國）斷交後，台日之間是否還存有外交關係呢？這是常常被問到的問題。

嚴格說來，外交是指國與國之間，代表國家、政府的外交官從事協商、交涉、交流等過程，以這個狹義定義的外交關係來看，台日之間在 1972 年後並不存在外交關係。

台日雙方有外交關係嗎？

但是，台灣與日本之間互設代表處，分別以「台灣日本關係協會」、「日本台灣交流協會」，互為對口，從事有關經濟、貿易、文化、教育、新聞等各項業務。兩機構的代表也是由台日雙方政府派任，因此，實質上也處理外交關係的事務，只不過在公開或形式上稱作沒有外交關係。

相對於正式的外交關係，民間、國民的交流促成雙方國民的友好關係，雙方國民的友好關係亦是國與國之間的友好基礎，原本就是非常重要。由於台日之間沒有正式的外交關係，民間交流所扮演的角色，更是突出，而且經常兼具某種程度的公共事務交流。尤其是透過地方自治體及地方議會等交流，也帶有政府間交流的功能。我從 2016 年 6 月擔任台北駐日經濟文化代表處以來，就非常重視地方交流。根據 2023 年 2 月的台灣官方統計，

台日地方自治體締結了 153 件友好協定，其中超過半數以上、共 91 件為我就任之後才締結的。

2020 年 1 月以後，新型冠性病毒引發全球感染大流行，也影響到台灣與日本之間的往來，但駐日本代表處仍持續推動雙方的交流，例如：高雄市鼓山區與富山縣冰見市、鹿兒島縣與屏東縣議會、京都市與高雄市、京都市與台南市、花蓮縣秀林及新城鄉與北海道白老、浦河町等 10 多個友好締結，都是在疫情期間簽訂的。

323 位日本議員參加高雄 2018 台日交流高峰會

上述地方自治體的交流之外，關於促進台日地方議會的雙邊交流，也有顯著的成果。特別是 2015 年成立的「日本全國日台議員協議會」，由日本各地將近 50 個友我的地方議會組成，成為在日本推動台日關係的重要推手。

該協議會每年舉辦「台日交流高峰會」，第一至三屆均在日本舉行，第四屆（2018 年）首度在台灣高雄舉辦，總共有 323 名日本議員出席，場面盛況空前。

2021 年的第七屆會議在神戶、2022 年在高知，也非常盛大，並分別發表了「神戶宣言」及「高知宣言」，支持台灣加入世界衛生組織（WHO）及跨太平洋夥伴關係協議（CPTPP）。

除了這些友好城市、議會等締結友好協定之外，還有各種不同型態的友好交流，如鐵道的平溪線與日本江之島線、台鐵與信濃鐵道。觀光景點如台北 101 與東京晴空塔、高雄澄清湖與秋田田澤湖等。同名車站如彰化縣與長野縣的田中站、台北市與愛媛縣的松山站等。這些友好交流，由點聚成了線，線再連結成面，進而編織成四面八方的網絡發展。

進行更深度的自治體・社團・學生・文化・運動交流

針對這些友好城市關係，我們鼓勵再針對五個層面進行更深度的交流。

（1）地方自治體間的公開正式訪問

（2）民間團體，如扶輪社、獅子會、青年商工會等民間團體的交流

（3）學生的修學旅行及畢業旅行

（4）地方特色及祭典的交流

（5）棒球、足球等運動交流

再加上地方的特產品展等各種文化活動的交流，台日雙方的互動必定更加豐富更為深化。這些民間交流、自治體、議會間締結的友好協定，究竟能夠帶來有多大的成效呢？雖然有些的確難以量化，以及難以證明其因果關係，但仍可觀察到以下的明顯成效。

2019 年雙方往來旅客逾 700 萬人次

伴隨著地方交流的增加，搭乘雙方往來航線的旅客也隨之增加，各個地方機場起降的包機或定期航線也隨之擴充。在新型冠狀病毒尚未全球大流行前的 2019 年，日本訪台的旅客人次達到 217 萬人。從台灣訪日的旅客 491 萬人，合計雙方往來旅客人次超過 700 萬人次。

近年來由於台日地方交流日漸頻繁，促使雙方往來人次也大幅的成長。也因此，台灣成為了日本黃金週等大型連假，海外旅行的主要首選。

台日間的畢業旅行、修學旅行人數也大幅增加。2019 年日本訪問台灣的學校超過 300 所，計 5 萬人以上的學生前往。同時，台灣成為日本海外修學旅行的首選，雙方學生間的交流也近一步帶動下一個世代友好關係。

由於雙方心靈距離的縮小，台日間在觀光、教育、經濟、貿易等各方面的民間交流也越加擴大，彼此相互的好感度與信賴度也逐年增高。

日本人對於台灣的好感與信賴度高達 60%~70%

駐日本代表處（台北駐日經濟文化代表處）每年會委託日本中央調查社定期實施民意調查，近 10 年數據結果顯示，歷年日本人對於台灣的好感度與信賴度高達 60%～ 70%，並且有每年提升的趨勢。

台灣人對於日本的好感度也有 60％～ 70％，為各國首位，與排名第二的國家也有相當的差距。這樣漂亮的數據足以證明，台日關係已經達到了相當友好的程度。

二十多年來，台灣與日本一旦遇到災害，就會相互伸出救援之手，彼此幫助，我稱為「善的循環」。到了最近幾年，台日民間交流漸趨成熟，讓這種善的循環的深度與廣度又更加擴大。

例如，2020 年新冠病毒擴大流行之際，台日雙方互贈口罩等醫療物資相互支援。2021 年 3 月，中國突然宣布停止進口台灣鳳梨時，日本各界紛紛自發性呼籲購買台灣鳳梨，日本商家也大量進口，以行動表示對台灣的支持。2021 年 5 月台灣疫情急速擴大，由於疫苗不足，引起社會巨大不安，日本自當年 6 月 4 日起，共 6 次提供疫苗，總數 420 萬劑，紓解台灣的急困，贏得台灣朝野的感謝。

超黨派日本國會議員全體起立支持台灣加入 WHO

另一方面，在東京奧運帕運，全日本有 28 個都市登記成為台灣的接待城市，數量為世界第一，這也是台日友好長年耕耘下來的成果使然。

接著更為明瞭的是，截至 2023 年 1 月，共有日本 43 個都道府縣（超過日本 47 都道府縣的九成）的議會在會議中決議支持台灣加入世界衛生組織（WHO）。

地方議會是由多個政黨所組成的合議制，只要 1、2 人反對，連表決投票的機會都沒有，因此對於 28 個議會表決通過一事，是非常值得欣慰的。

由於日本是民主主義國家，我相信台日地方議會的友好關係勢必能影響到民主國家國會和中央政府的決策。

果然，2021 年 6 月 11 日，日本參議院以起立的方式，全體通過支持台灣加入世界衛生組織，當在電視上看到超黨派國會議員為台灣而起立的剎那，很多台灣人眼眶都不禁泛淚。

見證台日百年情誼，善的循環

台灣與日本如此深切的牽絆並非一朝一夕就累積下的。即使 1895 年至 1945 年的 50 年間，台灣被割讓成為日本殖民地，但仍舊留下諸多可貴的記憶。例如日本技師八田與一所建設的烏山頭水庫，至今仍是嘉南平原的民生與農業用水主要來源，深受感念。

台南烏山頭水庫百年前建造者：八田與一

紀念烏山頭水庫竣工 100 年，蔡英文總統蒞臨 2021 年 5 月 8 日於台南市八田與一紀念公園，提到「吸取 100 年前建造烏山頭水庫的八田與一的先見之明、學習他的勇氣與行動力，台灣與日本在新冠疫情、全球氣候變遷影

響問題等方面的合作關係更加緊密，並努力將美好的環境留給 100 年後的下一個子孫世代」，正是最好的寫照。

蔡英文總統在典禮上強調，將 100 年以上交織而成的台灣人與日本人間深厚的信賴情誼，傳承到 22 世紀，甚至到下一個一百年。台灣與日本不僅是重要的鄰人，也享有相同民主主義、重視自由與人權的價值觀，應該相互合作，讓彼此的下個世代能夠在相同的安定與繁榮的環境下生長，因此自由與民主的維護是不可或缺的。

啟用百年的二峰圳，迄今供應屏東豐沛水源

當天紀念典禮包含相關的慶祝活動，台灣政府最高層的蔡英文總統外，賴清德副總統、蘇貞昌行政院院長都到場參加，實屬罕見，也可證明台灣對於日本的重視。

當時，日本前首相安倍晉三也預錄影片，呼應「只有真正的朋友，才能締結如此深刻的心靈交流；今後也要將這種令人驕傲的台日情誼，傳承給下一個世代」。

事實上，2022 年 7 月，位於屏東縣來義鄉的二峰圳，也舉辦啟用百年紀念，蔡英文總統、潘孟安縣長都出席典禮。

屏東林邊溪上游建於日治時期的二峰圳，是以河道地下堰堤截取伏流水，再透過地勢利用重力輸水的水利設施，自 1923 年興建完成至今仍每日供應豐沛不絕的水源，灌溉屏東平原。

屏東縣府在大潮州地下補注湖監控中心舉辦「二峰圳百年國際學術研討會」，邀請二峰圳水利工程規劃者鳥居信平的孫子鳥居徹出席，別具意義。

台灣自來水通水百年，歸功濱野彌四郎

同年 10 月，台南山上花園水道博物館也慶祝台南自來水通水 100 年，當年技師濱野彌四郎的貢獻，被譽為「臺灣水道（自來水、汙水系統）之父」，深受台灣社會的肯定與懷念。

希望台日雙方這種「善的循環」，在今後的 100 年、200 年都成一直延續下去。

今後台日關係發展的六項指標

雖然地方交流有很多顯著的成果，但由於台日沒有正式的外交關係，致使民間交流還是有其極限。因此，今後有關台日民間交流的展望，我認為應朝下列六點深耕：

（1）推動日本制定「台日交流基本法」

隨著台日民間交流日益頻繁，在各方面，如：貿易、文化、科技、建設等各方面的互動更加密切的同時，所伴隨的訴訟、事故等也會相對提高。我認為應該儘快制定「台日交流基本法」，就像美國的「台灣關係法」一樣。不但可以藉由法的依據，保障雙方權益；也讓彼此在進

行交流往來時，享有對等、公平的機會，能夠更加安心。

（2）深入發掘台日雙方之歷史情緣

1895 年~1945 年的日本統治時代，是台灣與日本共同的歷史情緣。在這 50 年間，有多少的台日婚配、同事、同學，甚至是工作夥伴，其中蘊含著很多不為人知的感人故事。即使台日官方斷交多年，但民間的交流往來卻從來沒有一分一秒間斷過。

尤其是那個時代對台灣的水道、電氣、交通、公共等民生建設有過貢獻的日本人（蓬萊米之父磯永吉，台中白冷圳之父磯田謙雄…），可以多加發掘、研究，讓台日雙方的交流不僅止於表層的觀光旅遊，進而深入到彼此的內心。藉由拉近彼此的心靈距離、加深文化深度，才能讓兩國發展至更深度的交流。

除了公共建設，教育的情緣也很重要，日本時代在台灣設立了數百間小學及中學，師生以及同學的聯繫始終沒有中斷，2022 年有五所高中慶祝建校百年，即成功高中、新竹中學、台中二中、台南一中、高雄中學，之後陸續有學校紀念百年，也邀請當時的校長、老師或其子孫前來台灣參加慶典。

藉由對這種歷史的重新認識，相信對之後台灣與日本的交友關係，會有更深一層的幫助。

（3）認識對日本發展有貢獻或是在日本奮鬥的台灣人，加深雙方心靈深度的友誼

日治時期有很多已經在日本紮根，或在當時的時代背景下，默默地為台日交流付出。例如最近展出代表日本參加1932年洛杉磯奧運的台灣人張星賢、建設日本最早的高層大樓東京霞之關大樓及新宿超高層大樓等的郭茂林建築師，棒球選手王貞治、圍棋高手林海峰、藝人翁倩玉、歌星鄧麗君等更是大家所熟悉，這一、二十年到日本發展的棒球選手如郭泰源、陽岱鋼，或是圍棋好手張栩、謝依旻；小說家東山彰良等等。我們應該多加認識，並予以肯定，讓後世子孫更能理解先人在兩國往來上所做出的耕耘，繼續深化先輩所累積的情誼資產。

（4）深化雙方旅遊的深度

近年來台日觀光的目的不再只在是爆買或美食消費，而是走有主題性的觀光，未來應該鼓勵設定各種主題，例如寺廟、名城、溫泉、歷史古蹟等的巡禮，或是茶道、花道、潛水、登山、客家及原住民文化的探討等，加深彼此對歷史、文化的瞭解，深化旅遊的深度和廣度。

（5）擴大台日雙方之互補性

日本的工業技術與台灣市場有高度的互補性，如日本的技術配合台灣的勞力物力、資源等，除了讓台灣成為

日本海外分散風險投資的一個極佳的貿易場所外，也同步推動了台灣的工業等各項領域的成長與發展。例如世界聞名的台灣自行車工業，外銷排名前端，但自行車的變速器屬於高端技術，仍是日本進口；又如半導體的產業，台灣製造生產雖然排名第一，但製造設備、材料仍是依賴日本，這是日本的技術、材料與台灣的工廠管理、勞力素質的互補範例。民間交流不能僅是旅遊，今後應該多發掘台日雙方的長處，截長補短，在國際社會舞台上，為彼此創造更多雙贏的空間。

（6）推動台日災害對策、人命救援等共同演習

2021 年 5 月七大工業國集團（G7）外長會議、6 月的首腦峰會都明確表示重視「台灣海峽的安定與和平」，我們從心裡感到感謝。

另一方面，假使共同聲明的文句僅止於民主主義國家齊心合力的「文字形式上的意思」，無法明確表示是否有其實質的行動，又或者到什麼樣程度的「實質行動」、甚至是「實質」遠比「形式」來的小，這一切反倒會導致敵方誤判的風險，因此形式的聲明伴隨著確切的「實質」行動是必要的。

一旦有事，該如何行動？確認行動是不可欠缺的。例如地震、颱風的自然災害、及大規模的意外、海上漁船衝突等發生時，在平時，關於災害對策、人命救援等方

面，台灣與日本，甚至美國，共同的演習是必要的。尤其是台灣與日本，幾乎每年都遭受自然災害的影響。我認為應該互相幫助、頻繁舉行如何順利提供救援人員、防災技術、復興支援等的演習訓練，盡早建立守護彼此人民生命財產安全的體制與信賴關係。

同時，防災及安全保障方面，美國所扮演的角色極為重要，近年來，台美透過 GCTF「全球合作暨訓練架構」平台積極合作，2022 年更與日本、澳洲在東京舉辦國際研習營。為防有事發生，平日的演習與訓練，「實質」確認對於安定與和平是不可欠缺的。希望下一個 100 年，台灣與日本，以真正朋友的方式攜手合作，相互成長發展。

28 影響台海穩定的三大變數

這兩年日本國內高度關注兩岸穩定，在我接受產經新聞資深記者河崎特派員訪談時，他也關注台灣如何處理兩岸問題。

維持台海穩定，必須思考各種可能的變數

我告訴他說，中國政府一直在逼迫台灣接受「一國兩制」的政策，而蔡英文總統所領導的台灣政府已經一再堅定拒絕。民主的台灣要強調的是捍衛民主自由，並無意與中國敵對。

至於應該如何應對各種文攻武嚇？我認為，維持台海穩定，必須思考各種變化的可能性，尤其是以下這三個「變數」：

第一，台灣人民對於堅持維護民主的意志，以及足以守護民主的有效防衛力量。

其次，中國內部政局的變化是安定還是分裂，無法預測。

第三則是日美等國，以及廣大的國際社會能不能持續的支持台灣？以及支持的時間點與程度。

2001 年曾想促成由民進黨引領兩岸關係

在這三項變數中，我認為尤其更需要持續觀察中國的內政、外交、社會局勢的變化。

1993 年我還是立法委員時，曾與姚嘉文、柯建銘等一起訪問中國，親眼見識中國的現況。到了 2001 年、民進黨執政的第二年，我也曾考慮以高雄市長的身分前往廈門，進行城市交流。

那時我想嘗試以民進黨黨員身分，與中國共產黨進行溝通。過去共產黨與國民黨是敵對關係，但與民進黨並無歷史糾葛，我希望了解，中國如何看待這個不同於舊國民黨統治的台灣。

當時我認為，假使民進黨能帶領好兩岸關係，那麼在野黨就不會拿兩岸問題來進行朝野對峙，會把焦點回歸在民生經濟、社會安全等議題上。

期待歷史上這一小步，或許可能會是兩岸關係的分水嶺。然而，由於當時陳水扁總統反對，也就放棄了這個可能改寫歷史的計畫。

連戰 2005 年訪中，國民黨放棄長年的反共立場

為什麼當時我有這樣的期待呢？

一則，當時民進黨甫執政，雙方談判別有意義。咸信中共在 2000 年時並沒預料到台灣會發生政權輪替。中方當然會評估，台灣歷經國民黨強勢統治，為何竟然會被在野黨取得政權？會不會將來的某一天，中國也會因為類似的問題，面臨政權輪替的局面？

二則現任中共總書記習近平在 2001 年時擔任福建省省長，若當時訪問廈門能實現，說不定如今兩岸關係會有所不同。

民進黨錯過可以影響中國政府的時機，兩岸關係在 2005 年國民黨主席連戰訪問中國後，更是此消彼長。連戰與中共中央總書記胡錦濤在北京人民大會堂進行會談，同意在九二共識上推動兩岸談判；加上國民黨出身的退休將領許歷農、郝柏村前後多次訪中，倡導統一、還高唱中國國歌⋯。從此國民黨一改長年反共立場，整個中國政策完全倒向中共，加大台灣內部分歧，兩岸關係更加複雜。

倡議以「憲法各表」取代九二共識的「一中各表」

想要處理兩岸議題，理想總會受到現實的限制。因此需要在現實局勢基礎之上想出解決方案。2012 年 10 月，我以台灣維新基金會董事長的身分再度訪中，與當時的中國國務院台灣事務辦公室主任王毅（曾任中國駐日大使，目前為中共中央政治局委員、中央外事工作委員會辦公室主任）會面，提出「憲法各表」，即依據各自憲法做處理兩岸問題的基礎。

從台灣大學、京都大學的長期鑽研法律學理，到投身政治的實行實踐，我認為以憲法定位為基礎是兩岸問題

的現階段解方。根據「中華民國憲法」，民選正副總統，地方首長等現實，台灣憲法上的名稱也是「中華民國」。由於涉及國際法等的複雜問題還未解決待，現階段維持這個名稱有其必要。然而，為了與中華人民共和國明顯區隔，在國際社會上互動往來，我們有必要強調「台灣」這名稱。

不承認台灣的存在，又持續向台灣施壓

中華人民共和國也有其憲法規範，雙方各有不同的基礎。1949 年成立的中華人民共和國並沒有參與過第二次世界大戰，也有沒簽署任何相關的戰後條約。中國聲稱擁有台灣，是主張因為其繼承了 1912 年成立的「中華民國」；正如同過去中華民國主張繼承「清」國政權。（編按：請參考《未來：不一樣的台灣》第 108~124 頁）。

如果中國政府自認為已繼承「中華民國」，顯然就是不承認台灣的存在。既然台灣已經不存在，卻又持續向台灣施壓，顯然是自相矛盾。中國逕自把台灣的定位視為其「核心利益」；卻忽略了，台灣、台灣人民所關心的，是生存、生命本身，不是利益。

29. 和平是國際社會的核心利益，
　　 絕對不能退讓

今年 1 月 25 日我在台灣之音（Taiwan Voice，由在日台僑林建良、國際政治學者藤井嚴喜所主持的網路節目，設有 YouTube 頻道）公開提出，「和平是國際社會的核心利益」後，引起媒體記者好奇揣測，是不是針對習近平說的「台灣問題是中國核心利益」而提出的。

如果絕對不能讓步，國際社會的核心利益是什麼？

在此簡單回答：有關係，但不是針對。

精確的說法應該是，習近平的說法啟發我的思考，「所謂的核心利益既然是指絕對不能讓步的利益的話，那麼世界應該也有核心利益吧？」

那麼，國際社會的核心利益是什麼呢？深思的結果，當然是和平！和平就是沒有戰爭或衝突。簡單以東亞國家為例，日本、台灣、中國、韓國近幾十年的經濟飛躍成長、社會文化突飛猛進，主要都是和平的紅利，這些國家、人民都是和平的受益者。

發動戰爭或是以武力變更現狀，都是破壞和平的行為，嚴重妨礙經濟發展、粉碎幸福生活。以烏克蘭為例，2022 年 2 月俄烏戰爭之後，很多地方成為廢墟，人民顛沛流離，逾 600 萬人逃難到外國，又因成年男性不得出國，造成家庭破碎…。但是，多數國民仍然繼續在奮鬥，為了守護家園不惜受傷或死亡。

這不只是烏克蘭的事情，現今的國際社會因為全球化的結果，彼此的相互關係變得相當緊密，任何一個地方的戰爭都會影響到全世界。俄烏戰爭，導致世界經濟、食品、能源、原料等都受到牽連，物價上漲等等，影響全球。

任何戰爭都會牽動盟國，核戰更將造成世界末日

尤其今日世界有各種的聯盟、組織，或是安保條約等結盟，透過這種結盟緊緊連結，一個地方發生戰爭，便會有更多個國家捲入，最後各個都不容置身事外。這談的都還是傳統戰爭，如果一旦發生核子戰爭，後果更是不堪想像。

我到日本赴任之後，曾參觀廣島和長崎的和平紀念公園，透過模型跟影片，體驗原子彈爆炸後現場的慘狀，幾十萬人剎那間消失，建築物毀滅，瞬間一片火海，倖存的孩童哭喊著找媽媽。今天核子武器更勝於當時原子彈威力的百倍，人類實在禁不起再一次的核戰；甚至可以說，如果再有核戰，就是世界的末日。

我也到過沖繩縣南部系滿市的和平紀念公園「台灣之塔」，祭拜二次世界大戰當時殉難的台灣人，當時有24萬人在那裡陣亡，裏面大概有4萬名台灣人，很多人自殺，宛如人間地獄。今天沖繩人民反對美軍基地，也不

支持維護美軍基地的日本政府，原因很多，想必與這些戰爭帶來慘痛經驗也有關係。

習近平與普丁相約尊重彼此的核心利益

我過去在台灣從政，曾提出「共生」、「命運共同體」、四大優先（台灣優先、文化優先、弱勢優先、環境優先）等。然而，這種種的政治理念再怎麼福國利民，在戰爭面前卻無從兼顧。也就是說，和平才是最核心的利益，必須放在最優先的順位。我確信，和平才是國際社會的核心利益，絕對不能退讓。

人類距離上次世界大戰已經過了 70 多年，當年從戰爭中學得經驗，成立聯合國，在憲章規定，必須以和平手段解決爭端，並設有人權理事會等組織，來維持世界秩序。諷刺的是，今天俄國發動戰爭，導致和平無法繼續維持，竟因為俄羅斯是擁有否決權的安理會成員，而且是軍事大國。我們難免會想到，中國也是安理會成員跟軍事大國，習近平與普丁相約尊重彼此的核心利益，他們都擁有否決權，可以不受聯合國決議拘束。

面臨軍事霸權的侵略或威脅，單一國家其實無法對抗，就像烏克蘭必須仰賴北約的支持；這也是為什麼日本、澳洲、菲律賓、韓國都必須跟美國簽訂安保條約，道理也是如此。雖然說人助而後天助，自己國家自己救，每

個國家都要有強烈意志防衛自己的安全，包括台灣、日本、韓國等也不斷提高軍事預算等，提高防衛能力。在我看來，單一國家要防衛自身的安全都很困難，必須大家投入守護世界和平。當世界和平了，當然自己國家就受到保護。

守護世界和平，沒有力量的愛是悲劇

所以，要怎麼守護世界和平呢？

和平必須包括「愛」跟「力」。我常說，沒有力量的愛是悲劇，因為沒有力量不足以防備、無法保護自己的家人、鄉土；但是，只有武力沒有愛，也會變成暴力或軍國主義，過去歷史的教訓讓大家不安。

所謂力量不只是武力，也包括輿論等柔性力量。如果每個人都站起來投入守護世界和平的行動，向世界發訊，表達支持和平、反對戰爭的意思，讓俄羅斯、中國的人民知道，並要求政府知所節制。

以俄烏戰爭來看就知道，即使俄羅斯勝利也是慘勝，也是死傷慘重，因為每一條生命都是可貴的。俄烏戰爭到 2023 年 2 月初累計有十多萬人戰死，在我們看十萬多人也許是個數字，但數字背後的每條生命都有家庭，都有他過去的故事和未來的夢想，這是何等殘酷的事。

戰爭其實沒有贏家，喜歡戰爭的只有少數的權力野心家、獨裁者，相信中國人民了解真相後，也會反對戰爭的。

台灣投降中國，可能要為了中國而與美日開戰

戰爭在除自衛、捍衛國家或民族的存亡外，其實都沒有正當的目的。侵略戰爭的神聖性都是野心者虛構的。從歷史的角度看也是很愚蠢的。人類的歷史上也有不少這種愚蠢的戰爭事例。

以國共內戰為例，中國共產黨自己的資料顯示：殲滅國民黨軍 1057 萬人，平民死傷 3 百萬人，如果再加上共產黨自身死亡人數，至少應該在 1 千 7 百萬左右，這是多麼驚人的數字。現今如果看到國共握手擁抱，當時這些因為戰爭而死亡的價值何在？很多抵抗嚴刑酷打、浴死血戰的人，從歷史來看似乎毫無意義。

不過，強調戰爭的恐怖也很容易被利用來鬆懈心防和意識，變成另一種恐嚇，要求人民放棄抵抗、接受霸權的索求或主張。如果以台灣的例子來講，就是接受「一國兩制」、「九二共識」。很多人民也許因為恐懼戰爭而贊同接受一國兩制，但是，姑且不論香港經驗；因應國際局勢，戰爭和投降都不是我們的選項。

以台灣的情況，投降其實也不能避免戰爭，因為台灣一旦受中國的控制，日後如偵查氣球等，就會從台灣發射，台灣會成為對抗美國、日本的最前線。有朝一日戰爭爆發，後果會更淒慘，變成為了中國跟美國、日本打仗。而且依照中國共產黨對待投降者的例子來看，都是派他們去前線。像當年抗美國援朝鮮，被俘虜的人中有一半都是當初投降中國共產黨的國民黨軍。可見他們視投降的人為不安定的群體，優先派到前線去當砲灰。

和平才能有尊嚴生存，以武力改變現狀就是侵略

即使沒有打仗，或許如同對付新疆或西藏，一下子再改造、一下子再教育；強制把中國的人民遷移來台灣，等人數夠多了，再來行使形式的民主，並進行秋後算帳、鬥爭清算，台灣人的下場可想而知。所以我們所要的不是戰爭，更不是投降，而是和平！和平才能維持有尊嚴的生存。

最近因為俄烏戰爭和中國擴張的威脅，台灣延長兵役、增加武器的採購；日本也增加了巨幅的國防預算。兩國各自在國內都沒有遇到太大的反對聲浪，因為大家都知道，沒有力量就沒有辦法保護自己國家、社會的生存，這也是沒有力量是悲劇的共識。

但是，單靠軍事力量的增加，也不足以阻擋戰爭的發生。因為發動戰爭的往往都是軍事大國、霸權主義，所以必須團結世界愛好和平的力量去抑止、去抵抗。甚至要有柔性力量深入中國、俄羅斯等強國的內部，喚起他們國民的和平意識覺醒，群起反對戰爭。期待形成世界性的輿論，凝聚不允許用武力改變現狀的共識，一旦以武力改變現狀就視為侵略，就有可能受到制裁。這樣守護世界和平的力量就會增大，守護世界和平的力量增大，才能守護台灣、守護日本或其他民主國家的安全。

以人民力量反對戰爭，最能守護世界和平

　這不是不可能的夢，最近中國在對抗新冠疫情的例子來看，在2022年12月以前堅持以「清零政策」對抗病毒，並以鐵腕手段進行封鎖管制，造成民怨高漲、抗爭此起彼落、經濟發展受創，後來一念迴旋，放棄清零，宣布與病毒共生，並開放國境大門，才避免走入死胡同。

　我想，武力統一台灣的事情也是一樣，只要中國大陸人民了解戰爭的成本、人命的傷亡、經濟的破壞以及後續沒完沒了的制裁及對抗，相信民意會反對戰爭，統治者也會重新考慮放棄武器，走向和平。

台日是和平的共同體，就由民間開始推動

何況中國現在也面臨少子化、人口減少等問題，我們相信人民也是不想戰爭。而從中國共產黨的歷史看，其實創黨初期都是主張世界和平，即使到現在，表面上也不敢表態反對和平。所以我們應該以和平這個訴求打動中國人心，共同守護世界的核心利益。

最後，具體如何進行的問題，我想應該需要一個守護和平的大會，號召世界愛好和平的人士參加。台灣與日本的民間關係，非常緊密，遇有天災或困難，都會互相協助，我常說：這是世界和平的典範，台日是和平的共同體，就由台灣和日本的民間開始推動，向世界發展。

這樣追求和平的強韌意志，相信能夠成為民主國家堅持和平的後盾，也能給霸權主義國家一定的壓力，這也是一種力量的展現，我相信是有效的。

30. 有生之年，致力於深化台灣與日本的信賴關係

赴日本參議院演講「從台日百年之絆，展望加盟 CPTPP」，左為有村治子議員，右為和田政宗議員。

2021 年，台灣與中國分別提出加入「跨太平洋夥伴全面進步協定」（Comprehensive and Progressive Agreement for Trans-Pacific Partnership, CPTPP）的正式申請。日本各界，包括多數內閣閣員、國會議員，表示「歡迎」、「支持」，讓人感到十分欣慰。

台灣申請加入 CPTPP，日本是關鍵助力

台灣希望比照加入世界貿易組織（WTO）一樣，以獨立關稅地區的身分加入 CPTPP。在日本等會員國的台灣駐外使館，持續兩年多進行縝密的資料收集、進行相關法律的建置與準備。

之所以在 2021 年提正式提出申請，原因之一就是該年正逢與台灣友好的日本擔任 CPTPP 輪值主席國。期望日本訂出台灣加入的明確流程。

之後，台灣將可依循這個路徑，繼續努力，在日本協助下推進申請進度。再加上，成為會員國的條件是必須得到「所有」會員國的同意，日本的支持、以及協助依照程序得到其他會員國的支持，是很重要的關鍵，也再度證明台日關係的重要性。

跨太平洋夥伴全面進步協定（Comprehensive and Progressive Agreement for Trans-Pacific Partnership, CPTPP，前身為TPP）。

　　CPTPP已於2018年12月30日生效，目前計有墨西哥、日本、新加坡、澳洲、紐西蘭、加拿大、越南、秘魯、馬來西亞、智利等10國完成國內批准程序。

　　CPTPP成員國人口規模約5億，國內生產毛額（GDP）合計占全球約13%，貿易值占我國貿易總值超過24%，對我國參與區域經濟整合十分關鍵。為強化推動我與各成員之互動，各項工作已進入緊鑼密鼓的階段，外交部持續配合相關部會。

　　我國於2021年9月22日正式向CPTPP協定存放國紐西蘭遞交CPTPP申請函，未來將運用各項資源積極爭取各成員國之支持，依據CPTPP新會員入會程序完成後續作業。

外交部網站

中國幾乎同時提出，合理懷疑是為了妨礙台灣

　　成為CPTPP會員國的條件是必須得到「所有」會員國的同意，由於中國也在2021提出申請（不知是否純屬巧

合），萬一中國比台灣先進入，必然會處處打壓，非常不利於台灣加入。然而，即使中國包含貿易自由度等，均距離 CPTPP 要求的標準甚遠，仍不可低估，還要提醒會員國注意兩個動向。

首先，中國是否願意妥協，解除與日本、美國、澳洲等國家在外交、貿易上的對立衝突，取消對國營企業的優惠待遇等，改善相關政策以符合加入 CPTPP 的標準。

其二，釐清中國加入 CPTPP 的真實目的，是為了實現自由貿易？若沒有前者的妥協善意，是否單純為了妨礙台灣加入的政治目的？

台海衝突，台灣有事，就是日本有事

台灣擁有成熟的民主制度、完備的市場經濟，與日本、美國、歐洲等國秉持共同的價值觀。加入 CPTPP，也意味著台灣希望對國際社會作出更多貢獻。

隨著台灣的國際參與、交流日益頻繁密切的同時，各夥伴國家因為了解而更加互相支持，因此，擔心台灣海峽周邊的「有事」的聲音也越發強大。

例如，日本深切體會，台海一旦發生武力攻擊等突發狀況，中國為了阻擋美軍介入，難保不攻擊離台灣最近的美軍基地沖繩，甚至九州、本州等地的美軍基地。因此，對日本而言，台灣有事，就是日本有事，並非他人之事。

中美對立與「新冷戰」局勢之下，台灣固然位於鄰近中國的最前線，日本則基於《美日安保條約》上，也必須堅守安全保障前線。在此局勢中，台灣可以提供防災、救災援助，基於 2015 年台美日三方建立的全球合作暨訓練架構（GCTF），希望未來包含日本自衛隊在內，開啟三方共同合作、訓練的道路。

台美日三方合作，以國際對話避免武力衝突

幾十年來，東亞地區的經濟發展之所以能持續，是因為區域和平，沒有戰爭。台灣向美國採購武器是為了表明自我防衛的決心；只有備戰，才可能避戰。透過台美日三方間的合作與協調，將備戰區域化；再藉由這個平台進行國際對話，避免武力衝突，非常必要。

就地緣政治來說，同為「命運共同體」的鄰國日本尤其重要，台灣與日本彼此如何互動深化雙方信賴關係，更是重中之重。在我有生之年，我的奮鬥就會繼續。

以本書致意 為台灣民主化 不惜付出生命的所有人

　　曾經在強權主義、實施戒嚴令下的台灣，所有反政府的活動都會遭受嚴厲的處罰；1979 年 12 月要求台灣民主化的民主運動「美麗島事件」已經過了 44 年。美麗島事件的發起人之一，姚嘉文遭獲逮捕，接受軍事法庭審判時，站在法庭為其辯護的就是謝長廷。當時的謝長廷只有 33 歲。

　　二次世界大戰後的台灣，被來自中國的中國國民黨的蔣介石、蔣經國的持續強權主義統治，如同「中華王朝」。除了沒有言論的自由，批評政府不僅會獲判重罪外，還必須有流放離島監獄，接受辛苦勞役或遭判死刑的覺悟。現在的中國、俄羅斯等強權主義國家仍然會發生的事情，在當時的台灣也屢見不鮮。

　　關於為什麼當時謝長廷不顧自身與家族的安危，也要以身犯險，接下美麗島事件的辯護律師，本書詳述謝長廷當時的回憶。

「我深深以為，接受的不光光只是姚嘉文先生個人的辯護，而是台灣爭取民主化運動的辯護。因此，被告並非是姚氏個人，而是台灣民主運動本身。民主運動何罪之有？」

謝長廷以自身的行動，而不以華麗的言語或其他附加的理由，來證明這一切。當時國民黨政府下的軍事法庭，雖然律師無法幫助美麗島事件相關人士免於有罪判決；但以律師身分，投入支持台灣民主化的運動，爭取民主主義的戰鬥也從此展開。

在本書裡，有關美麗島事件之後，台灣民主化的變革與發展有相關的敘述。美麗島事件的發生，促成了台灣追求民主化的各方勢力在檯面下開始相互合作。

1986 年 12 月的立法委員選舉之前的 9 月 28 日，為讓一黨獨大的國民黨政權劃下休止符，謝長廷等人在台北，以迅雷不及掩耳的方式宣布成立台灣第一個在野黨「民主進步黨」。

謝長廷說到，「野黨在當時，就像『秘密結社』一樣。美麗島事件被逮捕的人士、其辯護律師等追求台灣民主化的成員，以非常機密的方式籌畫準備建黨，所有消息都沒有走漏。到了現在才能明白說出，9 月

28 日當天我把一封『遺書』交給了妻子。因為破壞了與妻子說好不參與政治活動的約定。即使一旦被舉發，成了政治犯遭受處刑，戰後台灣第一個在野黨『民進黨』也算是存在了一天。我深深地認為，能在台灣史上留下這個紀錄也是好的。」

1986 年當時，日本正處於日圓升值、經濟繁榮的時期。匯率、股票、不動產等持續高漲，人人出國旅行，購買大量名牌用品、價格昂貴的葡萄酒也瞬間熱銷、年輕人每晚都在舞廳通宵跳舞。企業也不斷更新最佳業績、甚至在歐美接二連三的置產。

美國社會學者埃茲拉·沃格爾（Ezra Feivel Vogel）在他的著作《日本第一》（Japan as Numer One;1979 年）中也描述到這種令人陶醉的景象。

對照於現在民主蓬勃發展的台灣，實在難以想像，僅僅在 36 年前，與謳歌景氣的日本社會彷彿處於不同世界的台灣，正籠罩在被打壓人權的暗黑時代。因此，不得不再度強調，那時候的確會有被當成政治犯，而被處刑的風險。即使如此，台灣也有寧願以性命相搏、不惜留下遺書給家人，也要對抗強權主義的人。

與謝長廷一樣擔任美麗島事件的辯護律師的陳水扁，於 2000 年就任台灣總統；蘇貞昌則是至 2023 年 1 月當了四年多的行政院院長。促使這些人物行動的背後，正是對「民主社會的渴望」。

2023 年 1 月 31 日起，民進黨蔡英文總統第一任（2016~2020 年）政權的副總統陳建仁擔任行政院院長（相當於日本首相），發表新的內閣人事。民進黨政府接受蘇貞昌內閣的總辭，企圖重整政權，為 2024 年 1 月的總統大選做準備。蘇貞昌內閣時期的許多閣僚都受到蔡總統慰留。擁有部會首長任命權的蔡英文總統特別強調，「台灣已經邁入脫離新冠疫情的新階段，為了確保台灣長期的安定與和平，今後的一年是重要的關鍵」。

過去，前總統李登輝推動國民黨內部改革，成功完成修憲，於 1996 年 3 月實現台灣史上首度總統民選，由選民一人一票，直接選出正副總統。這和美國總統大選一樣、每 4 年舉行一次。

台灣過去 7 次的總統大選中，發生了 2000、2008、2016 三次政權交替。自 1996 年總統直選後，不論是國民黨或民進黨，都沒有超過 2 任共 8 年的政

權，足以證明台灣選民的判斷是嚴厲的。

2022 年 11 月的地方公職人員選舉（九合一大選）的結果，執政的民進黨丟失了四都等地方縣市首長的席次。蔡英文總統為選戰的失敗辭去民進黨黨主席，由現任副總統賴清德接任。2024 年的總統大選焦點轉到台灣的防衛能力及安全保障、外交等中長期國家戰略政策。

謝長廷先生在民進黨陳水扁政權下擔任行政院長，2008 年代表民進黨出馬參加總統大選。正如淡江大學副教授廖雨詩曾經提到，如果 2008 年當時選戰是由知日派的謝長廷獲得勝利，想必台日關係、台美、兩岸關係都會有明顯的改變。然而，當時的政權交替，也是反映成為民主社會的台灣選民直接投票的結果。

謝長廷所尊敬的京都大學與台灣大學的前輩李登輝常常說的一句話，「誠實自然、實踐躬行」，就是秉持誠實的精神，順應自然，實際以自身的行動表現的意思。換句話說，批判他人很容易，但是能夠不惜生命、貫徹人生實踐如上述所說的理念，非常的不容易。

集結了希望東亞安定與繁榮的每一個人的力量，才有此書的出版。誠如謝長廷所說，「日本與台灣不僅僅是命運共同體，也是和平共同體。和平才是國際社會的核心利益所在！」民主主義社會現今正處於危機之下，日本與台灣都應該秉持著「誠實自然、實踐躬行」的精神行事。

　　希望 2020 年 7 月 30 日逝世的台灣前總統李登輝、2022 年 7 月 8 日被暗殺的日本前首相安倍晉三，都能在天上守護著我們的努力與奮鬥。

　　也希望這本書能被更多的日本人、台灣人、還有國際社會中所有追求民主主義的人看到，並在此向為台灣民主化不惜付出生命的所有人致意。

河崎眞澄

2023 年 2 月 1 日

謝長廷：台灣與日本「善的循環」日本產經新聞專訪集

疫苗與災害援助 / 重視台日青少年交流 / 台美日機密會議浮上檯面
東京奧運開幕式直呼台灣 / 安倍晉三暗殺的衝擊……

作　　　者：謝長廷
採　　　訪：河崎真澄
照片提供：中央社、邱萬興
封面設計：盧穎作
美術設計：洪祥閔
譯　　　者：陳俐婷
社　　　長：洪美華
編　　　輯：莊佩璇、何　喬
出　　　版：幸福綠光股份有限公司
地　　　址：台北市杭州南路一段 63 號 9 樓之 1
電　　　話：(02)23925338
傳　　　真：(02)23925380
網　　　址：www.thirdnature.com.tw
E－m a i l：reader@thirdnature.com.tw
印　　　製：中原造像股份有限公司
初　　　版：2023 年 3 月
初版 3 刷：2023 年 4 月
郵撥帳號：50130123 幸福綠光股份有限公司
定　　　價：新台幣 370 元（平裝）

本書如有缺頁、破損、倒裝，請寄回更換。
ISBN 978-626-7254-07-3

總經銷：聯合發行股份有限公司
新北市新店區寶橋路 235 巷 6 弄 6 號 2 樓
電話：(02)29178022 傳真：(02)29156275

國家圖書館出版品預行編目資料

謝長廷：台灣與日本「善的循環」日本產經新聞專訪集／謝長廷 著，河崎真澄 採訪 -- 初版. -- 臺北市：幸福綠光，2023.03
面；　公分

ISBN 978-626-7254-07-3(平裝)

1. 謝長廷 2. 台灣傳記 3. 訪談

783.3886　　　　112000031

新自然主義

新自然主義